Maxime Valette
Guillaume Passaglia
Scheißleben

Echt witzig, solange es nicht dir passiert

Mit Illustrationen von
Pénélope Bagieu

Aus dem Französischen
von Nora Schreiber

GOLDMANN

Verlagsgruppe Random House FSC-DEU-0100
Das für dieses Buch verwendete FSC®-zertifizierte Papier
Classic 95 liefert Stora Enso, Finnland.

1. Auflage
Überarbeitete Taschenbuchausgabe Mai 2012
Wilhelm Goldmann Verlag, München,
in der Verlagsgruppe Random House GmbH
© der deutschsprachigen Ausgabe 2009
Wilhelm Goldmann Verlag, München,
in der Verlagsgruppe Random House GmbH
© 2008 Éditions Privé, Paris
Originaltitel: Vie de Merde
Umschlaggestaltung: Uno Werbeagentur, München
Innenillustrationen: Pénélope Bagieu
Satz: Buch-Werkstatt GmbH, Bad Aibling
Druck und Bindung: GGP Media GmbH, Pößneck
BK · Herstellung: IH
Printed in Germany
ISBN 978-3-442-17332-7

www.goldmann-verlag.de

INHALT

Große Momente der Einsamkeit 7
Peinlichkeiten mithilfe von Selbstironie überleben

Nicht fair 57
Einer ist immer der Loser

Besser nicht 99
Manche wollen es nicht anders

GROSSE MOMENTE DER EINSAMKEIT

Sich blamieren, einen Korb kassieren, ins Fettnäpfchen treten – manche machen duraus eine wahre Kunst. Doch wenn sie einen nicht gerade jeden Tag heimsuchen und in geringen Dosen auftreten, sind kleine Blamagen gar nicht so schlimm: Sie lehren einen Bescheidenheit und bewahren vor Übermut. Immerhin sind die Opfer der schlimmsten Blamagen immer noch in der Lage, hier davon zu erzählen. Über sich selbst lachen ist eben der beste Überlebensinstinkt.

Heute steige ich in einen vollen Fahrstuhl und warne einen kleinen Jungen, der sich gegen die schließende Tür drückt: »Pass auf, Mäuschen, sonst wirst du noch eingeklemmt!« Das »Mäuschen« dreht sich zu mir um, und ich sehe, dass es sich um einen Kleinwüchsigen handelt, der an die fünfzig sein muss. SL

Heute war ich spät dran. Ich laufe, um die Bahn zu kriegen, rutsche in der letzten Kurve aus und falle hin. Die Türen schließen sich, und die Leute lachen sich kaputt. SL

Heute sehe ich in der Bahn einen supergutaussehenden Typen, und, welch Wunder, er schaut mich an! Ich deute ein Lächeln an, kokettiere, wage ein Augenzwinkern. Als er aussteigt, beugt er sich zu mir runter und flüstert: »Dein Hosenstall ist offen.« SL

Heute rufe ich wegen eines Klärgrubenproblems bei einer Firma an. Zwei Angestellte kommen, ich führe sie in den Garten und zeige ihnen den Deckel der Grube. Sie öffnen ihn und entdecken eine Flut von Kondomen, die an der Oberfläche schwimmen. Ich benutze mit meiner Frau keine Kondome… SL

Heute ruft mich das Mädchen an, dem ich schon seit anderthalb Jahren hinterherlaufe, und sagt: »Hallo, wollen wir heute zusammen ausgehen?« Ich: »Klar, warum nicht?«, sie fragt: »Wer ist denn da?« Sie hatte sich in der Nummer geirrt. SL

Heute, oder vielmehr gestern Abend, war ich mit meiner Freundin im Bett, wir waren voll in Fahrt, und beim Orgasmus schreit sie: »O JA, PIERRE, MACH WEITER!!!« Ich heiße Kevin. SL

Heute, oder vielmehr gestern, habe ich mir mit meiner Freundin einen Pornofilm auf dem Laptop angeschaut, bevor wir im Bett gelandet sind (dabei blieb der Computer an). Als sie heute Nachmittag ihrer ganzen Familie unsere Urlaubsfotos zeigen will, macht sie den Computer an und holt ihn aus seinem langen Stand-by-Schlaf... SL

Heute Mittag war ich bei der Familie eines Freundes zum Mittagessen eingeladen. Zur allgemeinen Erheiterung habe ich angefangen, Darth Vader nachzumachen. Da wusste ich noch nicht, dass sein Vater kürzlich wegen Kehlkopfkrebs operiert wurde. SL

Heute habe ich die Empfangsbestätigung einer SMS bekommen, die ich vor anderthalb Wochen an einen Freund geschickt und in der ich seine Mutter als »alte Schlampe« bezeichnet habe (zum Spaß). – Dieselbe Mutter, die vor zwei Tagen gestorben ist. SL

Heute schreibe ich meiner Freundin eine Mail, und ihre Mitbewohnerin, die sich mit der Adresse meiner Freundin eingeloggt hat, antwortet mir: »Sorry, hier ist nicht Marie, die ist bei ihrem Freund.« Ich habe wirklich gründlich nachgesehen, bei mir ist sie nicht. SL

Heute schlafe ich das erste Mal mit meiner neuen Freundin und habe danach plötzlich furchtbare Bauchschmerzen. Ich kann nichts dagegen machen und muss einen lautstarken Furz lassen. Ich bin mir nicht sicher, ob ich morgen noch mit ihr zusammen bin. SL

Heute bin ich mit einem Sticker von »Dora der Entdeckerin«, den meine Tochter mir wenige Stunden zuvor auf meine Jacke geklebt hatte, zu einem Vorstellungsgespräch gegangen. SL

Heute will das Mädchen, auf das ich total stehe, unbedingt wissen, auf wen ich total stehe! SL

Heute hat meine 19-jährige Freundin gesagt, ich sei zu unreif, und hat mit mir Schluss gemacht. Ich bin 30. SL

Heute habe ich mit meinem Freund geschlafen. Als wir die Stellung wechselten, hat er »Transformation Power Rangers« geschrien. SL

Heute sehe ich einen Kollegen mit Krücken zur Arbeit kommen und sage zu ihm: »Ach, du warst sicher Skifahren!« Ein anderer Kollege lacht gezwungen, nimmt mich beiseite und sagt: »Er hat vor einem Jahr ein Bein bei einem Autounfall verloren, und man hat ihm gerade die Prothese gewechselt...« SL

Heute bin ich im Bad ausgerutscht und habe mir den Knöchel gebrochen. Ich konnte nicht aufstehen, habe aber mit meinem Handy den Notruf erreicht. Sie haben die Tür aufgebrochen, aber statt mir schnell zu helfen, haben sie es sichtlich genossen, mich nackt auf den Fliesen anzustieren, nur mit einem Handtuch bedeckt. SL

Als ich heute Morgen ins Wohnzimmer ging, bin ich auf einem benutzten Kondom ausgerutscht. Ich lebe allein mit meiner 15-jährigen Tochter. SL

Heute hat mir meine Freundin erzählt, dass sie nach der Party gestern in einer fremden Hose aufgewacht ist. SL

Heute habe ich mit einem Riesenkohldampf den Kühlschrank aufgemacht und eine Pastete gefunden, die ich in 30 Sekunden verschlungen habe. Eine Stunde später fragt mich meine Freundin, was ich mit dem Rest Katzenfutter gemacht hätte. SL

Heute soll ich zum ersten Mal bei meiner Freundin zu Abend essen und übernachten. Ich habe ihre Eltern noch nicht kennen gelernt und gebe mir sehr viel Mühe, vorzeigbar zu sein, kaufe aber auch eine Packung Kondome in der Apotheke, für den Fall, dass der Abend gut endet. Was ich nicht wusste, war, dass ihr Vater Apotheker ist und ich ihn seit kurzem kannte… SL

Kommentare der Internetsurfer:
- *Hopp oder Topp: Entweder haut er dir eins in die Fresse oder er freut sich, dass seine Tochter so einen verantwortungsbewussten Typen gefunden hat.*
- *Wenn du ihm das nächste Mal wirklich Angst einjagen willst, kauf einen Schwangerschaftstest.*

Heute nehme ich zum ersten Mal an einer Besprechung mit meinem Boss teil. Mittags gehen wir essen. Ich verschlucke mich an einem Stück Fleisch, das verflixte Ding bleibt stecken, ich kriege keine Luft mehr, kann nicht husten. Mir blieb nichts anderes übrig, als es mit den Fingern herauszuholen und ganz zerkaut zurück auf den Teller zu legen. SL

Heute hat mich mein Chef angerufen. Er hat mir gesagt, ich solle aufhören, seine Frau anzubaggern. Sie interessiere sich nicht für mich. SL

Heute ist unsere Nachbarin, die Vierlinge bekommen hat, von der Entbindungsstation wieder nach Hause gekommen. Mein fünfjähriger Sohn hat gefragt, wie viele sie davon ertränken würden. Ich habe wohl ein Monster geboren. SL

Heute kam ich zu spät in die Vorlesung. Ich betrete den Hörsaal, alle sind schon über ihre Notizen gebeugt, und ich will mich ganz schnell hinsetzen. Allerdings hat mich die Tatsache, dass ich über die erste Stufe gestolpert und auf den Bauch gefallen bin, ein wenig gebremst. Auswandern wäre eine Möglichkeit. SL

Heute, als ich den Hörsaal heraufgegangen bin, hat mich mein Wickelrock im Stich gelassen. Bis ich es merkte, war er mir schon bis zu den Knien heruntergerutscht. Ich befand mich im Yeti-Modus (nicht rasiert) und trug meine älteste Unterhose (die, die kein Gummi mehr hat). Das Ganze vor 120 Studenten. SL

Heute, bzw. gestern Abend, treffe ich in der Disco eine Frau, die ich kenne und von der ich weiß, dass sie inzwischen entbunden haben muss. Ich frage sie, wie sie das Kind genannt haben, sie antwortet mir, und im Lärm verstehe ich »Lothgurd«. Ich frage sie, ob das althochdeutsch sei, und sie antwortet mir: »Nein, es war eine Totgeburt.« SL

Heute, als ich auf den Aufzug warte, erzähle ich meiner Cousine am Handy, dass mein Nachbar so aussieht wie ein perverser Psychopath. Während ich ihr sämtliche Details seiner Absonderlichkeiten schildere, muss ich so laut lachen, dass ich gar nicht merke, dass er hinter mir auf den Aufzug wartet. SL

Heute habe ich mir in der Arbeit am Automaten eine Tomatensuppe gekauft. Ekelhaft, echt widerwärtig. Also habe ich sie wütend weggeworfen. Gegen den Wind... SL

Heute bin ich über eine gemeinsame Freundin bei einem Mädchen
eingeladen, das ich nicht kenne. Nach reichlich Wodka und einem
schlechten Joint bin ich davon überzeugt, dass ich endlich die Freu-
den der Liebe zu dritt kennen lernen werde... Ich wache allein auf
einer feuchten Matratze auf. Ich habe mir in die Hose gemacht. SL

Heute bin ich meinem besten Freund in der Stadt begegnet, und
er sagt mir, er habe es gerade den ganzen Nachmittag mit einem
Mädchen getrieben, das einfach saudumm sei. Als ich nach Hause
komme, rufe ich ihn an, um mich am Abend mit ihm zu verabreden.
Sein Handy klingelt im Zimmer meiner Schwester. SL

Heute habe ich herausgefunden, dass meine Tochter einen Blog
betreibt. Ich überfliege ihn ein wenig, um zu sehen, was sie da drin
so erzählt. Jetzt weiß ich, dass meine Tochter im Internet strippt.
Ich weiß nicht, wie ich meiner Frau von der Entdeckung erzählen
soll und noch weniger, wie meiner Tochter... SL

Heute habe ich mit meiner Freundin telefoniert, und es war nicht
gerade ein heiteres Gespräch. Es gelingt mir dann aber doch noch,
die Situation mehr schlecht als recht wieder geradezubiegen. Als
ich auflege, sage ich zu ihr: »Bussi, Sabrina.« Sie heißt Vanessa. SL

Heute habe ich mir während der Arbeit mit zwei Kolleginnen Websites mit Stilblüten aus Abiprüfungen angesehen. Einige waren wahnsinnig komisch, und ich musste so aufgedreht lachen, dass ich mich schließlich übergeben habe. Elegant. SL

Heute wirft mir meine Freundin mal wieder vor, ich sei grundlos eifersüchtig. Ich habe gerade erfahren, dass sie für eine Pornowebsite jobbt und live vor der Webcam strippt. SL

Heute, oder vielmehr gestern Abend, sehe ich beim Verlassen einer Kneipe eine Gruppe nebenan, darunter eine hübsche kleine Brünette. Ein wenig beschwipst wage ich den Versuch: »Dein Akzent ist ja niedlich, aus welchem Land kommst du?« – »Du findest, ich habe einen Akzent?« – »Ja« – »Ich bin taub, ich lese von den Lippen ab.« SL

Heute hat ein kleiner Junge auf der Straße mit dem Finger auf mich gezeigt und zu seiner Mutter gesagt: »Guck mal, Mama, da ist Sarkozy!« SL

Heute war ich mit einem Kumpel im Bus. Zwei Mädchen hinter uns lästern über einen Typen und machen sich über ihn lustig (große Nase, potthässlich, überall Pickel). Ich fange an, mich kaputtzulachen, weil ich mir den Typen einfach abartig vorstelle. Als wir aussteigen, erklärt mir mein Kumpel, dass sie über mich gesprochen haben. SL

Heute bekam ich mein Auto nicht auf. Ich habe es genervt weiterprobiert, bis der Schlüssel im Schloss abgebrochen ist. Es war nicht mein Auto. SL

Heute stehe ich völlig benebelt auf und mache mich fertig wie immer. Bis ich feststelle, dass der Wecker noch gar nicht geklingelt hat und dass es erst drei Uhr morgens ist. SL

Heute wartete ich am Eingang einer Disco auf ein paar Freunde, als ein reizendes Fräulein ankam und mir Komplimente zu meinem Aussehen und meinem Outfit machte. Als sie merkte, dass ich nicht der Türsteher war, war sie plötzlich ganz enttäuscht und ging. SL

Heute dachte ich, dass meine Eltern arbeiten, dabei sind sie in Disneyland – ohne mich. SL

Heute hatte meine Freundin vor unserem Schäferstündchen keine Zeit, sich zu rasieren. Ich wollte sie mit dem Mund befriedigen, aber irgendwie kam sie nicht richtig in Fahrt. Auf einmal bricht sie in Gelächter aus und sagt: »Mit den Haaren hast du einen Schnurrbart wie George Brassens.« SL

Heute konnte ich mein Portemonnaie nicht mehr finden. Ich verbringe also drei Stunden auf einem stickigen Polizeirevier, um Anzeige zu erstatten. Als der Beamte mich fragt, ob ich einen Stift habe, um die Anzeige zu unterschreiben, greife ich mit der Hand in meine Jackeninnentasche und ziehe mein Portemonnaie hervor. SL

Heute, oder vielmehr heute Morgen, sitze ich bequem im Bus auf dem Weg zur Arbeit und schlafe gegenüber von einem sehr gutaussehenden jungen Mann ein. Ich wache von etwas Kaltem auf meiner Brust wieder auf – ein langer Speichelfaden hängt mir von meiner Lippe runter. Der Typ lacht sich kaputt. SL

Heute sage ich beim Mittagessen: »Es muss ja ganz schön schlimm sein, wenn man merkt, dass man der Gehörnte ist!« Blöderweise wurde ein Kollege an meinem Tisch tatsächlich erst vor kurzem betrogen. Um es wiedergutzumachen, sage ich also: »Aber richtig schlimm ist es eigentlich erst, wenn einen seine Frau wegen einer Frau verlässt.« Auch das war der Fall. SL

Heute mache ich ziemlich ausgiebig Liebe mit meiner Freundin, dann brauch ich eine kleine Verschnaufpause und halte inne – sie stöhnt genauso weiter wie vorher. SL

Heute hat mich die Lehrerin meines siebenjährigen Sohnes zu sich bestellt. Sie zeigt mir sein Heft und sagt mir, dass sie nicht glaubt, dass es sich hier um die Unterschrift meines Mannes handelt. An der Stelle der Unterschrift steht »Papa« … SL

Heute habe ich nach dem Schwimmen mal richtig ausgiebig geduscht, weil es so heiß war. Und zwar mit Duschgel, Shampoo, und ohne Badeanzug. Ich bin nicht besonders schamhaft, aber es wäre vielleicht doch besser gewesen, wenn ich in die Frauendusche gegangen wäre. SL

Heute bin ich zu meiner Nachbarin hochgegangen, um sie zu bitten, nicht immer mit ihren lauten Absätzen übers Parkett zu laufen, weil mein Kind davon immer wach wird. Sie hat mir geantwortet, dass sie tun werde, was sie könne. Erst als sie die Tür wieder schloss, habe ich ihr Holzbein gesehen. SL

Heute habe ich meinen Eltern meinen Verehrer vorgestellt. Als wir alle gemeinsam Familienfotos auf dem Computer anschauen, stoßen wir auf eine Großaufnahme von meiner Mutter oben ohne. SL

Heute, oder vielmehr gestern, habe ich von einem Mädchen, mit dem ich gehen wollte, einen Korb bekommen. Es sagte: »Ich möchte nicht, dass dir wegen mir andere Mädchen entgehen.« SL

Heute gehe ich mit einer Freundin shoppen. Nach mehreren Anproben beschließe ich, zwei von fünf Jeans zu behalten. In diesem Moment hält mir die hochgradig nette Verkäuferin die Hand hin, und ich drücke sie. Dabei wollte sie nur die anderen Hosen zurücknehmen. SL

Heute hat mich der Typ, auf den ich schon immer total abgefahren bin, endlich geküsst. Ergebnis? Wie eine Krake. Der Traum ist für immer vorbei. SL

Heute hatte ich mein erstes Rendezvous mit Lucie auf dem Place de l'Opéra. Nervös wie ich bin mache ich ausschweifende Gesten beim Reden. Und verpasse dabei einer 75-jährigen Oma einen Haken mitten auf den Solarplexus. Sie hat 25 Minuten gebraucht, um sich davon zu erholen. Ich glaube, das mit Lucie hat sich erledigt. SL

Heute war ich im Finale eines Tischtennisturniers, und alle ausgeschiedenen Spieler verfolgten das Match. Nachdem ich mit Bravour gewonnen habe, gehe ich auf die andere Seite, um meinem Gegner die Hand zu schütteln, aber er rührt sich nicht... Es war erst der erste Satz. SL

Heute im Bus meint eine ältere Frau zu mir, ich solle mich setzen. Ich verstehe überhaupt nicht, warum eine Ältere mir einen Platz anbietet. Dann fällt mir auf, dass sie hartnäckig meinen Bauch anstarrt. Sie dachte, ich sei schwanger. Ich bin nur ein bisschen rundlich. SL

Heute lag mein Freund auf mir und schaute mich mit leidenschaftlicher Miene an. Ich dachte, er würde mir endlich sagen, dass er mich liebt, aber dann sagte er nur: »Du hast einen Popel in der Nase.« SL

Heute im Supermarkt fragt mich die sehr dicke Kassiererin: »Ist das ein Kopfsalat?«, um den richtigen Code einzugeben. Ich sage ja, und sie fügt hinzu: »Ich kenne mich mit Gemüse nicht so aus.« Ich, höflich: »Ah?« Aber eine innere Stimme sagt: »WAS DU NICHT SAGST!« Und da höre ich die Kassiererin: »Wie bitte?« SL

Heute wollte ich den Blicken von zwei Typen, die mich anstarrten, ausweichen und tue so, als ob ich auf mein Handy schaue, während ich weiterlaufe. Als ich auf ihrer Höhe ankomme, renne ich voll gegen einen Baum. SL

Heute habe ich mit meiner Frau geschlafen und hatte das ungute Gefühl, meine Geliebte zu betrügen. SL

Heute auf dem Klo rufe ich beim Anblick meines tosenden Stroms: »Hahaha, das ist besser als die Niagarafälle!« Schade, dass ich nicht gehört habe, wie mein Boss hereingekommen ist. SL

Heute spiele ich mit meinem Kumpel Karten. Als ich einen guten Stich mache, sage ich laut: »Prima, da ist ja endlich mein fetter Stich«, schaue auf, sehe auf einmal seine dicke Schwester vor mir, die gerade hereingekommen ist. SL

Heute sehe ich vor einem Krankenhaus eine alte Dame, die es wegen ihrer Parkinson-Erkrankung nicht schafft, ihre Zigarette anzuzünden. Ich helfe ihr also und zünde sie ihr an. Wir unterhalten uns noch ein wenig, bis sie mir erzählt, dass sie Lungenkrebs hat. SL

Heute erzählt mir eine Freundin, dass sie Diät macht und schon drei Kilo abgenommen hat. Ich will sie beglückwünschen, bringe aber nur heraus: »Ach, hast du es endlich geschafft!« SL

Heute in der Uni gehe ich zwischen zwei Vorlesungen aufs Klo. Es ist sehr dunkel. Von einer plötzlichen Eingebung verleitet mache ich auf Geheimagent, indem ich dicht an den Wänden entlanggehe und meine Hände wie einen Revolver halte. Einen Revolver, mit dem ich auf einen Typen aus meinem Jahrgang ziele, der in Gelächter ausbricht und es jedem erzählt. SL

Heute Morgen hatte ich die Superidee, ein gelbes Hemd anzuziehen. Dann bin ich zu IKEA gefahren. Man hat mich ständig nach irgendwelchen Billys, Gullivers etc. gefragt. SL

Heute, eigentlich gestern, sagte mir eine Kollegin, dass ich einem Schauspieler sehr ähnele, den sie ganz toll findet, und dessen Namen sie vergessen hat. Geschmeichelt spiele ich den ganzen Tag den Frauenhelden. In der Kaffeepause fällt ihr der Name wieder ein: Mister Bean. SL

Heute kommt eine hübsche Kundin und gibt plötzlich Laute von sich, die sich wie ein unterdrücktes Niesen anhören. Ich find das ganz süß und sage freundlich: »Gesundheit, Mademoiselle.« Es fängt wieder an, und zwischen zwei Lauten bringt sie hervor: »Sorry, ich leide an einem Tic«. SL

Heute habe ich mit verschiedenen Nicknames Kommentare in meinen eigenen Blog geschrieben, damit die Leute denken, ich hätte Freunde. SL

Heute, wie auch gestern, arbeite ich in Irland. Auf einem Flug nach Frankreich lerne ich ein charmantes junges Mädchen kennen. Wir tauschen unsere Nummern aus. In meiner letzten SMS schlage ich ihr anstatt »discover the first« »discover the fist« vor. SL

Heute, eigentlich eher vor einiger Zeit, habe ich mein Foto an ein Casting für einen Frisuren- und Make-up-Katalog geschickt. Heute bekam ich eine Absage mit einer Einladung zu einem zweiten Casting für den Katalog »Mach mehr aus deinem Typ!«. SL

Heute Mittag muss ich allein essen, da ich auf Dienstreise bin. Ich gehe zu McDonald's, nehme mein Menü und setze mich allein auf die Terrasse. Es ist Mittwoch, Ronald McDonald kommt umgeben von Kindern an und zeigt mit dem Finger auf mich: »Schaut mal Kinder... Der Herr dort hat keine Freunde, er isst ganz allein!« SL

Heute sehe ich meinen Neffen mit einer wirklich sehr hässlichen Hexenmaske spielen. Ich nehme sie ihm ab und setze sie selber auf, um ihm Angst einzujagen. Aber richtig erschrocken hat er sich erst, als ich die Maske wieder abnahm. SL

Heute habe ich mich mit einer sehr guten Freundin unterhalten. Sie meinte: »Ist dieser Fußballspieler nicht süß?« – »Kann ich nicht sagen, ich bin nicht schwul.« – »Ach, das hättest du mir mal sagen sollen, dann hätte ich dich ein paar Freundinnen vorgestellt…« SL

Heute habe ich den Vater eines Kumpels getroffen, der einen großen Blumenstrauß in der Hand hielt. Ich sagte lachend, dass Valentinstag vorbei sei. Es war ein Gesteck für eine Beerdigung. SL

Heute, oder eher vor zwei Tagen, habe ich aus Versehen eine Katze auf meiner Straße überfahren. Seitdem wird sie von allen Nachbarn gesucht. Sie hieß »Boulette« und alle mochten sie, ich auch. SL

Heute habe ich einen Freund mit nach Hause gebracht und wollte ihn meinem Vater vorstellen. Als ich ihn nicht finden konnte, rief ich laut: »Papa??? Papa???« Da brüllte mein Vater poetisch aus der Toilette: »ICH BIN AM SCHEISSEN!« SL

Heute frage ich das Mädchen am Empfang des Hotels, in dem ich in England wohne, wo sich die nächste U-Bahn-Station befindet. Ich versuche sie mit meinem Englisch zu beeindrucken. Sie gibt mir eine Liste mit den Adressen aller Optiker in der Umgebung. SL

Heute hat mich mein Freund »Mama« genannt. Hilfe! SL

Heute sah ich durch mein Schlafzimmerfenster, wie mein 52-jähriger Nachbar ungeniert masturbiert hat. Er hat gesehen, dass ich ihn gesehen habe. Und er kommt nächstes Wochenende mit seiner ganzen Familie zum Essen. SL

Heute, oder eher vor ein paar Monaten, ruft mich mein Fahrlehrer an, um einen Termin für eine Fahrstunde auszumachen. Am Ende des Gesprächs sage ich »Bussi!«. SL

Heute sagt mir mein Freund, dass ich mal wieder im Schlaf gesprochen habe, allerdings hat er mich diesmal bellen gehört. SL

Heute kommt meine Freundin mit neuen Kondomen nach Hause: Manix Endurance – mit betäubendem Gel mit verzögernder Wirkung. SL

Heute verkündet mir mein Freund, dass er bereit ist, Vater zu werden. Ich versuche, die ganze Freude, die ich empfinde, in Worte zu fassen, als er mich unterbricht, verschmitzt lächelt und »April, April!« ruft. Ich glaube, ich warte lieber noch eine Woche, bevor ich ihm sage, dass ich schwanger bin. SL

Heute habe ich im Physikunterricht statt Cumulonimbus Cunnilingus gesagt. SL

Heute hatte ich eine Notenabnahme im 100-m-Hürdenlauf. Am Ziel angelangt sagt die Lehrerin: »Das ist schlecht! Was machst du denn, wenn dir die Polizei auf den Fersen ist?« Ich bin Tunesier. SL

Heute habe ich einen Jungen kennen gelernt. Ich habe zu ihm gesagt: »Wenn du schwul bist oder eine Freundin hast, dann sag's mir bitte gleich.« Mit einem strahlenden Lächeln sagt er, er sei hetero und Single. Ich freue mich schon, dann fügt er hinzu: »Aber nicht interessiert.« SL

Heute auf dem Markt kommt ein kleiner Junge an meine Kasse, zeigt mit dem Finger auf mich und sagt zu seinem Vater: »Die Frau da ist aber schön!« Sein Vater antwortet augenrollend: »Was der Knirps an einem Tag so alles an Schwachsinn von sich gibt...« SL

Heute habe ich mich daran erinnert, dass die erotischen Fotos, die ich vor ein paar Monaten mit meiner Ex gemacht habe, nie von dem Apparat ihres Vaters gelöscht wurden. SL

Heute habe ich versucht, meinen Chef am Telefon zu erreichen. Nach dem fünften Klingeln sage ich: »Geht dieser Arsch vielleicht jetzt endlich mal dran?« In dem Moment antwortet eine Stimme aus dem Hörer: »Der Arsch hört Ihnen zu...« SL

Heute gehe ich wegen Bauchschmerzen zum Arzt. Er sagt, er wolle eine Probenentnahme machen, um zu sehen, ob ich schwanger bin. Ich ziehe mich also unten rum ganz aus und lege mich auf die Liege. Da dreht er sich um, sieht mich an und bricht in Gelächter aus. Er wollte mir nur am Arm Blut abnehmen. SL

Heute habe ich in einer Telefonkonferenz zwanzig Leuten ein Projekt vorgestellt. Eine Viertelstunde nach einer leidenschaftlichen, flammenden Rede schlage ich vor, dass alle sich reihum dazu äußern. Die Leitung war seit zehn Minuten unterbrochen, und niemand konnte mir Bescheid sagen, weil mein Bürotelefon besetzt war. SL

Heute habe ich miserable Köchin es geschafft, einen Kuchen für eine Familienfeier zu backen. Mein kleiner Bruder, der Koch ist, ist sichtlich überrascht. Er isst sein Stück auf, nimmt sich noch eins und sagt: »Verdammt, deine Roquefort-Pastete ist echt gut!« Es war ein Joghurtkuchen. SL

Heute war ich gerade unter der Dusche, als plötzlich jemand an der Tür klingelt. Ich wickle mir ein Handtuch um und mache auf. Es ist mein Nachbar, und er sagt: »Äh, dein Handtuch reicht nur bis zur Taille...« SL

Heute war ich auf dem Klo, als ich endlich einen Anruf von dem Mädchen erhalte, auf das ich stehe. Ich gehe dran. Als mein Vater vorbeikommt, sagt er schön laut und deutlich: »Wenn du auf dem Scheißhaus bist, dann riecht man das von weitem!« SL

Heute habe ich den Thalys Niederlande-Frankreich genommen, mein Nachbar sprach niederländisch und stank nach Alkohol. Eine Freundin rief mich an, und ich sagte ihr, dass ich den Gestank nicht mehr ertragen könne. Eine Stunde später fragt mich der Mann in perfektem Französisch, ob ich ihm seine Tasche reichen könne. SL

Heute begleite ich eine Frau zum Gericht, um gegen die Zwangsräumung ihrer Wohnung vorzugehen; ich bin ihre Sozialarbeiterin. Gerade als ich mich der Richterin vorstellen will, brüllt diese mich an: »Warum sind Sie denn nicht in der Schule?!« Sie hat mich für deren Tochter gehalten. Der Gerichtssaal war gerammelt voll. SL

Heute kommt auf der Straße ein zum Niederknien gutaussehender junger Mann auf mich zu. Er fragt mich: »Entschuldigung, hättest du zufällig Blättchen?« Mit meinem schönsten Lächeln antworte ich: »Ja, natürlich! Liniert oder kariert?« Der Typ starrt mich verblüfft an und geht wortlos von dannen. SL

Heute habe ich zu Hause mit einem Dutzend Gesprächspartnern aus meiner Firma telefoniert. Plötzlich hebt meine Mutter an einem anderen Apparat ab und sagt: »Bist du bald fertig, mein Schnuffel? Ich brauche das Telefon.« SL

Heute wollte ich meine Freundin erschrecken und hab mich hinter einer Tür versteckt. Sie meinte nur: »Lass es, ich sehe deinen Bauch von hier.« SL

Heute habe ich während meiner Fahrstunde einen stillen Pups gelassen. Erst freue ich mich noch über meine Diskretion, doch die Freude lässt nach, als ich merke, wie ein widerlicher Gestank durchs Auto strömt. Meine Fahrlehrerin tut so, als wäre nichts und macht das Fenster auf. SL

Heute hatte ich meinen ersten Arbeitstag in einer Agentur aus Barcelona. Eifrig erzähle ich meinem Chef, dass ich in einer WG mit einem »Paar« aus Venezuela lebe. Alle schauen mich entsetzt an. Statt *pareja* habe ich *pajero* gesagt – und das heißt Wichser. SL

Heute will ich von meiner Arbeit im 15. Arrondissement mit einem Leihfahrrad zu mir nach Hause ins 5. fahren, um allen zu beweisen, wie gut ich Paris kenne. Eine Stunde später bin ich trotz Telefonsupports meines Freundes immer noch nicht zu Hause. Ich bin dann in die Metro gestiegen. SL

Heute will ich meine Freundin überraschen und hole sie ab, doch dann kommt sie mir Arm in Arm mit einem Typen entgegen. Ich stürze mich auf sie und sage: »Na, willst du mir deinen tollen neuen Freund nicht vorstellen?« Sie, kühl: »Doch, gern stelle ich dir Laurent vor.« Erst da habe ich Laurents weißen Gehstock gesehen. SL

Heute posiert das Nacktmodell, das wir zeichnen sollen, liegend auf einem Sockel (ich gehe auf eine Kunsthochschule). Alles läuft gut, bis sie niest und einen kleinen Pups fahren lässt, während ihr Po den Studenten zugewandt ist. Allgemeiner Lachanfall während der restlichen Stunde des Kurses. Für sie: SL

Heute war mein Freund nackt im Bad. Ich gehe zu ihm, will ihn ein bisschen verwöhnen, da sagt er zu mir: »Lass mal, da putze ich mir lieber die Zähne.« SL

Heute war ich mit einem Mädchen im Kino. Sie hat den ganzen Film über ihren Kopf an meine Schulter gelegt und ihre Hand in meine. Am Ende des Films starte ich einen Versuch sie zu küssen, und sie sagt: »Ich wusste, dass das kommt, aber mir ist es lieber, wenn wir Freunde bleiben.« SL

Heute kam ein Kollege mit einer FURCHTBAREN Krawatte zur Arbeit. Ich frage ihn, wie er sich das traut, so was zu tragen, und er antwortet: »Das ist alles, was mir von meinem Vater geblieben ist.« Nach ein paar Sekunden, während der ich mich supermies fühle, bricht er in Gelächter aus und sagt, sie sei ein Geschenk seiner Tochter. SL

Heute war ich in einer ziemlich vollen Bar und musste auf die Toilette. Während ich auf dem Klo sitze, nutze ich die Zeit, um ausgiebig in der Nase zu bohren. Allerdings habe ich vergessen abzuschließen. Die Toilettentür führt direkt in den Hauptraum. Jemand öffnete die Tür. SL

Heute in der Arbeit (ich bin Kassiererin) sagt eine Frau zu ihrer kleinen Tochter: »Siehst du, wenn du in der Schule nicht lernst, dann endest du so wie die Dame an der Kasse.« SL

Heute hatte ich eine Sitzung bei meinem unwerfenden Physiotherapeuten, auf den ich total steh. Wir machen ein paar Übungen, und er fordert mich auf, meine Schenkel zusammenzudrücken. Ich drücke – und muss pupsen. Das war's, ich geh da nie wieder hin. SL

Heute war mein Geburtstag. Ich bin 21 und immer noch »Jungmann«. Gestern Abend kamen meine zwei besten Freunde mit einem Mädchen vorbei, das ich nicht kannte. Sehr nett, sehr offen, und ich erlebe mit ihr mein erstes Mal. Als ich die Jungs am nächsten Morgen treffe, rufe ich: »Ich bin ein Mann!« Woraufhin sie spöttisch antworten: »Du schuldest uns 150 Euro.« SL

Kommentare der Internetsurfer:
- *SL, weil sie dich dein Geburtstagsgeschenk bezahlen lassen, die Schurken.*

Heute ist mir eingefallen, dass ich heute Morgen meine Nachttischschublade offen gelassen habe. Darin: der Vibrator, den meine Freundinnen mir zum 18. Geburtstag geschenkt haben. Als ich aus der Uni kam, war die Schublade zu. Meine Mutter hat sich beim Abendessen nicht getraut, mich anzusehen. SL

Heute suche ich eine Datei auf dem Computer meines Freundes und stoße auf Fotos von einem Mädchen, das meine Kleider und Unterwäsche trägt und dessen Kopf man nicht sieht. Als ich ihn um eine Erklärung bitte, stellt sich heraus, dass es sich nicht um ein anderes Mädchen handelt, sondern um ihn. SL

Heute fragt mich meine Philosophie-Dozentin, was meine Eltern beruflich machen. Nachdem ich ihr geantwortet habe, dass sie Putzfrau und Busfahrer sind, sagt sie: »Aber...dabei sind Sie doch intelligent...« SL

Heute lasse ich Passfotos für meine Bewerbungsunterlagen machen und sage zu dem Fotografen, dem ich Sinn und Zweck der Fotos nicht erläutert habe: »Im Großen und Ganzen soll das Foto einfach sagen: ›NIMM MICH.‹« Mir ist es leider erst zu spät aufgefallen. SL

Heute war ich während eines Familienessens mit meinem kleinen Cousin am Wohnzimmercomputer auf viedemerde.fr*. Nach 30 Sekunden fragt er mich: »Was heißt Doggystyle?« Die ganze Familie hat sich zu mir umgedreht... SL

Heute schaute mich ein kleiner dreijähriger Junge, dem ich ein Küsschen gegeben habe, an und fragte mich mit ernster Miene: »Warum pikst du denn?« Ich bin ein Mädchen. SL

---

* *Die französische Version von scheiss-leben.com*

Heute gebe ich bei McDonald's einer wunderschönen Blondine
Wechselgeld heraus. Leider befindet sich die Schublade auf
der Höhe meiner Eier und springt heftig auf. Ich krümme mich
vor Schmerz. Und das vor gut dreißig Kunden, die sich kaputt-
lachen. SL

Heute soll ich im Hörsaal eine PowerPoint-Präsentation halten,
deren Vorbereitung mich ziemlich genervt hat. Der Beamer läuft,
der ganze Kurs sieht mich auf meinem USB-Stick herumsuchen,
und mir wird klar, dass ich den Dateinamen nicht abgeändert habe.
Er lautet: »Scheißpräsentation.ppt«. SL

Heute war ich in einem Sportgeschäft, um ein paar Turnschuhe zu
kaufen. Der sehr gutaussehende Verkäufer bittet mich, mich zu
setzen, um die Schuhe anzuprobieren. Statt »Ich habe aber keine
Socken an«, sage ich zu ihm: »Ich habe aber keinen Slip an.« SL

Heute auf dem Weg zur Uni laufe ich 100 m, um meine Bahn zu
kriegen, die ich von weitem kommen sehe. Ich höre hinter mir
Gegröle, um das ich mich nicht kümmere, denn ich bin spät dran.
Doch dann merke ich, dass mein Rock hinten hochgerutscht ist
und sich hinter meine Tasche geklemmt hat. Und ich hatte einen
String an. SL

Heute treffe ich einen ehemaligen Prof wieder, der inzwischen in Rente ist. Ich beende gerade mein letztes Studienjahr. Am Ende unseres Gesprächs sagt er: »Na, dann einen schönen Studienabschluss.« Ohne nachzudenken, sage ich: »Und Ihnen einen schönen Rentenabschluss.« SL

Heute kommt eine Frau zu mir an die Kasse und schaut mich traurig an (ich bin Kassiererin bei McDonald's). Sie hat ihre Tasche verloren, besitzt nur noch 70 Cent und hat seit 24 Stunden nichts mehr gegessen. Da ich nichts für sie tun kann, geht sie wieder, und ich sage automatisch: »Danke und guten Appetit!« SL

Heute erfahre ich in der Arbeit, dass ich in eine Stadt versetzt werde, die 500 km weit weg liegt. Ich weiß nicht, wie ich es meinen Eltern sagen soll, die gerade erst umgezogen sind, um mehr in meiner Nähe zu sein. Ich fasse mir ein Herz und sage: »Papa, Mama, ich habe eine brisante Neuigkeit für euch.« Meine Mutter fällt mir ins Wort: »Ich war mir sicher, dass du schwul bist.« SL

Heute schreibt mir das Mädchen, das ich seit Monaten auf MSN anbaggere, das ich bald kennen lernen muss und das so genial ist, dass es mich wahnsinnig macht: »I know you are in love, and you know I'm not.« Nee, wusste ich nicht. SL

Heute kellnere ich bei einer Hochzeit. Mit einem Tablett Champagnerflöten bleibe ich am Ehrentisch stehen, doch die Braut zögert, eine zu nehmen. Ich sage zu ihr: »Madame, man heiratet doch nur einmal.« Allgemeiner Lachanfall am Tisch und finsterer Blick der Brautleute. Ihre Schwester erklärt: »Es ist ihre dritte Hochzeit.« SL

Heute habe ich in meinem Fachbereich mündliche Prüfungen abgehalten. Eine meiner Studentinnen, ein bildhübsches Mädchen, trägt ein kleines weißes, tief ausgeschnittenes Top, das wunderbar ihren herrlichen Busen unterstreicht. Ich hatte eine Erektion. Sie hat es gesehen. SL

Heute war ich in Indien. Am Flughafen wurden Männer und Frauen getrennt kontrolliert. Der Typ an der Kontrolle hat mich zu den Frauen geschickt. Ich musste ihm erst erklären, dass ich ein Mann bin. Das hat 15 Minuten gedauert. SL

Heute halte ich vor dem Vorstand eine PowerPoint-Präsentation. Mein Outlook ist auf stand-by, und mitten während der Präsentation öffnet sich ein kleines Informationsfenster auf dem Bildschirm mit dem Betreff »Unsere Antwort auf Ihre Bewerbung zum Marketingleiter«. SL

Kommentare der Internetsurfer:
- *Ich hoffe, die Antwort war wenigstens positiv!*

Heute überrasche ich meinen Liebling, indem ich früher als geplant nach Hause komme. Ich stelle fest, dass er selbst ein Abendessen vorbereitet hat, mit Champagner und Rosen. Ganz aufgeregt laufe ich zu ihm in die Küche, da sagt er: »Wolltest du nicht erst morgen zurückkommen?« SL

Heute hat mein Freund mir während ich schlief auf dem ganzen Körper Rubbel-Tattoos verpasst. Es ist 8 Uhr 16, ich bekomme sie nicht ab und habe um 9 Uhr einen Termin für eine ganze Reihe ärztlicher Untersuchungen im Krankenhaus. SL

Heute war ich in der Apotheke, um Halsschmerztabletten zu kaufen. Der Apotheker schaut mich an und fragt: »Was mögen Sie denn lieber, lutschen oder beißen?« SL

Heute nehme ich an meiner Schule an einem Zusatzkurs in Zeichensprache teil. Joëlle, selbst taubstumm, hält den Kurs. Sie fragt mich, welche Art von Musik ich gerne höre. Ich sage zu ihr: »Rock und Pop, und du, was hörst du?« SL

GROSSE MOMENTE DER EINSAMKEIT

Heute hat meine Frau ihren Chef und seine Frau zum Essen eingeladen. Nachdem ich einen Schluck Wein probiert habe, bin ich empört und entschuldige mich für seine miserable Qualität: »Trinken Sie das nicht, ich gehe eine andere Flasche holen.« Den Wein hatten unsere Gäste mitgebracht. SL

Heute habe ich mich beim Einkaufen mit meiner Mutter einen Moment von ihr entfernt, um in die Parfümabteilung zu gehen. Kurze Zeit später ertönt eine Lautsprecherdurchsage: »Der kleine J. wird am Eingang von seiner Mama erwartet. Der kleine J. ...« Ich bin 20. SL

Heute lasse ich im Aufzug einen Furz fahren. Kein Geräusch, aber ein widerwärtiger Gestank! Die Türen gehen auf, eine junge Frau kommt rein. Man sieht ihr an, dass der Gestank sie belästigt, ich werde rot. Sie: »Haben Sie einen Termin?« Ich: »Ja, mit Madame X.« Sie: »Das bin ich...« SL

Heute saß ich im Flugzeug und hatte Ohropax in den Ohren. Der Steward kommt mit einer Plastiktüte vorbei. Ich werfe meinen Müll hinein, und er sagt: »Very funny, Sir...« Es war keine Mülltüte, er sammelte Geld für Unicef. SL

Heute war ich mit Freundinnen in der Disco und sah dort meinen absoluten Traummann. Ich gehe auf ihn zu und sage zu ihm: »Was würdest du sagen, wenn ich dir sagen würde, dass du mir sehr gefällst?« Er antwortet: »Ich würde dir sagen, dass ich mal ganz dringend pissen muss!« SL

Heute hat meine Arbeitskollegin, die gerade ein Gipsbein hat, allen Ernstes zu mir gesagt: »Könntest du eigentlich nicht mal vorbeikommen und den Rasen mähen und die Hecken schneiden?« Ich habe sie erst mal fünf Minuten nur angestarrt. Aber ich habe auch eine dreckige Fantasie. Sie nicht. SL

Heute bin ich krank. Mein Boss ruft mich wegen einer dringenden Sache vom Büro aus an und bittet mich um mein Computerpasswort, um eine wichtige Mail wiederzufinden. Ich habe keine Wahl, ich muss es ihm nennen. Es lautet »scheißjob«. SL

Heute habe ich einem 90 Jahre alten Patienten eine gute Rückkehr nach Hause gewünscht. Er hat mir geantwortet, dass ich ihn anrufen soll, wenn ich irgendetwas brauche. Ich habe ihn gefragt, was er damit meint. Er sagte, er ist bereit, alle meine Wünsche zu erfüllen. SL

GROSSE MOMENTE DER EINSAMKEIT

Heute lädt mich mein Freund zum Essen ein. Ich denke an ein romantisches Tête-à-Tête, finde mich dann aber im Kreis seiner vollzähligen Familie wieder. Am Ende begleitet mich mein Freund zur Tür, und ich höre noch seinen Cousin sagen: »Sie ist ja gar nicht so nervig, wie er immer sagt...« SL

Heute bin ich mit meinen Eltern im Restaurant, und da ist ein Kellner, der wirklich zum Anbeißen ist. Ich starre ihn an, und als mein Vater es bemerkt, fängt er auch an, ihn anzuschauen. Der Kellner kommt und fragt, ob es ein Problem gebe. Antwort meines Vaters: »Nein, ich wollte nur wissen, wie Sie aussehen, meine Tochter starrt Sie seit zehn Minuten an.« SL

Heute lieg ich in der Badewanne, als ich spüre, wie etwas auf mein Schulterblatt fällt. Vorsichtig blicke ich mich um und erahne riesige schwarze Spinnenbeine. Ich brülle wie am Spieß und schlage mir auf den Rücken, aber ich erwische das Viech nicht. In einem Zustand fortgeschrittener Hysterie werfe ich mich heftig gegen die Wand. Es waren meine Haare. SL

Heute treffe ich mich mit meiner Mutter, und sie weint. Ich frage sie, was das Problem sei, und sie antwortet mir: »Es ist dein Vater, er will sich scheiden lassen.« Ich frage sie, ob er eine andere Frau kennen gelernt habe, und meine Mutter sagt: »Nein, keine Frau...« SL

Heute habe ich eine SMS an einen Typen geschickt, der mir gefällt: »Lieber Weihnachtsmann, ich wäre so gerne verliebt.« Woraufhin er antwortet: »Nächstes Jahr ist wieder Weihnachten…« SL

Heute renne ich wie eine Irre in der Kantine zur Kasse. Ich sehe, wie der Kassierer lacht, und merke erst dann, dass ich gerade versuche, anstatt meiner Kantinenkarte eine Monatsbinde durch den Kartenleser zu ziehen. SL

Heute esse ich bei der Familie meines Freundes. Mein Freund lässt bei Tisch einen gewaltigen Rülpser. Ich sage zu ihm, vor seiner sprachlosen Familie: »Also ehrlich, wo bist du denn erzogen worden? Im Schweinestall?« SL

Ich rauche seit über einem Jahr, und meine Eltern wissen es nicht. Gestern war ich auf einer ziemlich wilden Party. Heute Morgen stehe ich noch ganz benebelt auf, setze mich zu meinen Eltern an den Frühstückstisch und zünde aus Reflex eine Zigarette an. SL

Heute habe ich den Abend mit meiner Frau und ihren schwulen Freunden verbracht. Einer von ihnen schenkt mir ein Glas Whisky ein, das mir ein bisschen knapp bemessen vorkommt. Ohne nachzudenken, sage ich: »Was ist denn das für eine Schwuchteldosis?« SL

Heute sehe ich meinen Freund das erste Mal nach einem Monat wieder. Um ihn zu überraschen, habe ich mir die Bikinizone in Herzform rasiert. Nach einem kleinen Striptease ruft er begeistert: »Toll, das Batman-Zeichen!«

Heute hat meine Freundin Geburtstag. Ich habe ihre Freunde zu uns eingeladen, um sie zu überraschen. Gegen 20 Uhr geht die Tür auf, und ich höre eine Männerstimme: »Ich hab solche Lust auf dich!« Meine Freundin antwortet ihm: »Heute lassen wir es uns richtig gut gehen, dieser Blödmann hat meinen Geburtstag vergessen und ist mit seinen Kumpels Fußballgucken gegangen!« SL

Heute hat mich mein Vater damit überrascht, dass er mein Bett in mein neues Zimmer verlegt (abgebaut und wieder aufgebaut) hat. Er hat auch darauf geachtet, den Vibrator, der zwischen Matratze und Lattenrost versteckt war, wieder an seinen Platz zu legen. SL

Heute treffe ich mich mit einem Typen im Café, um ihm zu sagen, dass ich seine Gefühle nicht teile. Mein Handy klingelt, ich hole es aus meiner Tasche, halte es ans Ohr und – zack – knallt mir mein Tanga vom Vortag, den ich in die Tasche gestopft hatte, mitten ins Gesicht. SL

Heute hatte ich ein wichtiges Gespräch. Auf dem Weg dorthin bleibe ich vor einer Autofensterscheibe stehen, um zu kontrollieren, ob ich auch keine Salatblätter zwischen den Zähnen habe. Nach mehreren Grimassen stelle ich fest, dass da zwei sich kaputtlachende Mädchen im Auto sitzen. SL

Heute bei Beginn der Prüfung meint meine Banknachbarin, dass der Klebstoff vom Briefumschlag für unsere Prüfungsbogen schlecht schmeckt. Ohne Hintergedanken sage ich laut: »Ich lecke nicht, ich nehme den Finger!« SL

Heute stehe ich über zehn Minuten an einer Ampel im Stau und werde langsam ungeduldig. Dann merke ich, dass ich hinter einer Schlange Autos stehe, die in der zweiten Reihe geparkt haben. SL

Heute habe ich es endlich geschafft, mit dem Mädchen zusammenzukommen, das mir schon seit sechs Monaten gefällt. In drei Tagen gehe ich für ein Praktikum nach Deutschland. 1000 km weit weg und für sechs Monate… SL

Heute rufe ich meine Ex an. Ich frage sie, ob ich bei ihr vorbeikommen kann, um mir meinen Schlafanzug zurückzuholen. Sie antwortet mir: »Ich behalte ihn für alle Fälle.« – »Für welchen Fall denn?« – »Für den Fall, dass ich Lust bekomme, mich als Vollidiot zu verkleiden.« SL

NICHT FAIR

Um uns herum gibt es arglose Menschen, die immer die volle Packung abbekommen und manchmal sogar noch eins drauf. Man würde sie gerne ermutigen, ihnen sagen: »ist nicht so schlimm«, aber das funktioniert nicht, weil man sich dabei totlacht.

Heute ist meine Maus aus Versehen ins Klo gefallen. Als ich versuche, sie herauszufischen, fällt mein Handy auf den Kopf der Maus. Beide sind tot. SL

Heute habe ich eine Freundin angerufen, um ihr etwas zu erzählen, und sie sagt nur: »Nein, mach dir keine Sorgen, mir geht es besser, aber ich hab's grad eilig, bis später also.« Die Idee, dass ich ihr vielleicht was zu sagen habe, ist ihr nicht einmal in den Sinn gekommen. Ich habe eine schwere Krankheit. SL

Heute habe ich auf YouTube eine Interpretation des Stücks gesucht, das ich auf dem Klavier übe, und stoße auf das Video einer Asiatin, die es 100-mal besser spielt als ich. Ich habe zehn Jahre lang Unterricht genommen. Sie ist fünf. SL

Heute wurde ich von einem dunkelhaarigen, ziemlich hübschen halbnackten Mädchen geweckt. Zwei Minuten später hat mein Wecker geklingelt, und ich bin wirklich aufgewacht. SL

Heute bin ich zwei Stunden zu früh aufgewacht, weil meine Nachbarn in voller Lautstärke Rap gehört haben. In der Arbeit war der Aufzug kaputt und der Kaffee alle. Im Laden an der Ecke hat das Paket 4,95 Euro gekostet. Während ich mein Croissant esse, beiße ich mir die Zunge blutig. SL

Heute haben meine Eltern meinem 17-jährigen kleinen Bruder eine Moralpredigt gehalten, weil er mit drei volljährigen Mädchen gleichzeitig zusammen ist. Ich bin 21 und immer noch »Jungmann«. SL

Heute habe ich meinem besten Freund gestanden, dass ich schwul bin. Er hat mir eins in die Fresse gehauen und alle angerufen, um es weiterzuerzählen. SL

Heute bin ich in einem Affenzahn zum Telefon gestürzt. Ich habe mir das Knie am Stuhl angestoßen und ohne nachzudenken am Telefon erst mal »Scheiße« gesagt… Meine Freundin hat mich als Blödmann beschimpft und einfach aufgelegt. SL

Heute lief ich über die Straße. Ich passte nicht auf, und ein Lieferwagen fuhr mir über den linken Fuß. Fußbruch – dabei hatte man mir gerade erst den Gips eines Bruchs derselben Art von vor drei Monaten abgenommen. SL

Heute stelle ich fest, dass ich meinen Personalausweis im Kopierer in der Post vergessen habe. Ich rufe an, sie sagen mir, dass sie ihn an die Verwaltungsbehörde geschickt haben. Ich rufe in der Verwaltungsbehörde an, und sie sagen mir, sie hätten ihn vernichtet. Ich hab morgen meine Führerscheinprüfung. SL

Heute ruft mich meine Freundin um 2 Uhr 23 besoffen von einer Party aus an, auf der sie das einzige Mädchen ist. Sie scheint sich gut zu amüsieren. SL

Heute habe ich endlich den Mut gehabt, das Mädchen einzuladen, dem ich schon seit einer Weile hinterherrenne, und sie sagt: »Cool, da kann ich dir gleich meinen neuen Freund vorstellen.« Ergebnis: Candlelightdinner mit dem Pärchen und Lust, mir den Bauch aufzuschlitzen. SL

Heute, vielmehr gestern Abend, ging es dem Typ, auf den ich schon seit Monaten stehe, ganz schlecht. Grund ist meine beste Freundin, nach der er total verrückt ist, die ihn aber vollkommen ignoriert. Ich habe die Nacht damit verbracht, ihn zu trösten und mir anzuhören, wie toll sie doch ist. SL

Heute teilt mir mein Chef sein Vorhaben mit, meinen Kollegen links von mir zu entlassen, mich hingegen aber zu befördern. Fünf Minuten zuvor habe ich meinem Kollegen versprochen, sein Trauzeuge zu werden. SL

Heute ist bei mir eingebrochen worden. Meine Wohnung wurde komplett verwüstet. Der Polizist, der kam, um die Fingerabdrücke zu nehmen, wollte unbedingt meine Telefonnummer und mich auf ein Date einladen. Der Schlosser genauso, und der mit der Untersuchung beauftragte Polizist hat mir seine E-Mail-Adresse hinterlassen und dabei gesagt, dass Asiatinnen nun wirklich wahnsinnig heiß seien. SL

Heute kommt mich meine Mutter abholen, ich habe den Nachmittag auf meinem Skateboard verbracht. Ich öffne die Autotür, schiebe mein Board rein, mein linkes Bein und ... meine liebe Mama düst los. Mein anderes Bein schleift bei 30 km/h über die Fahrbahn. Meine Mutter bremst heftig, ich schlage gegen die Tür und werde bewusstlos. SL

Heute sagt mir mein Freund, dass es ein ganz spezieller Tag ist. Ich sage ihm, ich weiß, aber er meint, das könnte ich gar nicht wissen. Nach zahlreichen »sag du zuerst« sagt er mir überglücklich, dass Benzema in der französischen Nationalmannschaft von Trezeguet ersetzt wurde. Es war unser Jahrestag. SL

Kommentare der Internetsurfer:
- *Ich habe Mitleid ... mit deinem Mann. Für mich war das auch ein wichtiger Tag!*
- *Schick ihn in die Wüste. Und übrigens: Man sollte sich nie mit Fußballfans zusammentun.*
- *In einem Satz: »Kein Sex heute Abend!!«*

Heute bin ich gerade im Urlaub in der Bretagne, als der Hausverwalter meines Pariser Mietshauses anruft und mir sagt, es gebe bei mir einen großen Wasserschaden. Ich komme fünf Tage früher als geplant nach Hause und finde meine Tür aufgebrochen vor. Allerdings grundlos: Der Schaden kam nicht aus meiner Wohnung. SL

Heute werde ich dreißig. Bereits vor zehn Jahren feierte ich meinen 20. Geburtstag mit meinem besten Freund. Ich war damals schon in ihn verliebt. Er war damals schon schwul. SL

Heute lasse ich alle zwei Minuten Winde fahren, deren Geruch an der Grenze zum Unerträglichen ist. In einer Stunde bin ich mit dem Mädchen im Kino verabredet, das ich eigentlich rumkriegen wollte. SL

Heute ruft mich mein Vater auf dem Handy an, um zu wissen, wo ich bin. Ich bin in meinem Zimmer und er in der Küche. SL

Heute habe ich meinem Vater gestanden, dass ich lesbisch bin. Das Einzige, was er gesagt hat, war: »Das wundert mich überhaupt nicht, alle Lesben sind hässlich...« SL

Heute musste ich dem Finanzamt 375 Euro Bußgeld nachzahlen. Sie hatten mir die Mahnungen an die falsche Adresse geschickt. Und ich habe gerade mal 315 Euro auf dem Konto. Und das Beste: Als ich es begleichen wollte, hatte ich statt meiner EC-Karte meine Busfahrkarte dabei. SL

Heute hat meine Mutter mal wieder ihr Lied über die Homosexualität angestimmt, die »widernatürlich ist, das darf es nicht geben, Homos sind anormal«. Sie weiß nicht, dass ich lesbisch bin. SL

Heute wollte ich meiner Katze eine Freude machen und habe ihr besonders teure Leckerli gekauft. Sie ist daran erstickt. SL

»Miezi?...
Du schläfst doch nur, oder...?«

Heute renne ich, um meinen Zug noch zu erwischen, doch die Türen schließen sich genau vor meiner Nase. Ich renne zu einem anderen Gleis, und auf der Treppe falle ich auf die Schnauze. SL

Heute hat mein 20-jähriger Neffe für Samstag eine Kostümparty geplant. Das Thema ist: »Eine Person, die mit N anfängt.« Er ruft mich an und sagt: »Tante, für die Party hatte ich die Idee, mich als Nutte zu verkleiden. Kann ich mir Klamotten von dir ausleihen?« SL

Heute, oder besser gesagt gestern Abend, habe ich einem Typen, der mir hinterherlief, Tränengas ins Gesicht gesprüht. Der Typ sah supergut aus und wollte mir die Schlüssel zurückgeben, die ich verloren hatte. SL

Heute habe ich mir vor einer Klausur auf dem Weg zum Hörsaal die Brille kaputtgemacht. Ich bin kurzsichtig und habe eine Stunde damit verbracht, mit der Nase auf dem Blatt die Fragen zu entziffern. Es war eine Klausur in Augenheilkunde. SL

Heute habe ich den Salzstreuer über meinen Krapfen ausgeschüttet, weil ich dachte, es sei Zucker. Sie sahen echt lecker aus, diese Krapfen. SL

Heute ruft mich einer meiner Schüler: »Madame!« Ich verbessere ihn: »Nein, Mademoiselle.« Da antwortet er mir: »Ach, es hat Sie also niemand gewollt!« SL

Heute habe ich erfahren, dass ich den Job bei McDonald's nicht bekommen habe. Bei dem Vorstellungsgespräch mit dem Boss habe ich es originell gefunden, als Motivation anzugeben: »Es ist bestimmt witzig, für einen Clown zu arbeiten.« SL

Heute habe ich zum ersten Mal jemanden getroffen, der denselben Vornamen hat wie ich. Ich bin 20, diese Person ist 97. SL

Heute trau ich mich endlich und sage diesem Mädchen, dass ich es liebe. Sie sagt: »Aus uns kann gar nichts werden, dafür sind wir viel zu gut befreundet, sorry.« Ich kannte sie eigentlich kaum. SL

Heute gehe ich in mein Lieblingscafé und setze mich auf die Terrasse. Alles, was ich noch habe, sind eine Zigarette und 2 Euro für meinen Kaffee. Ich zünde die Zigarette an, und sie fällt in den Kaffee. SL

Heute ist ein Verrückter in die Bahn eingestiegen und hat angefangen, auf die Leute einzuschlagen. Ein Opa zieht die Notbremse. Der Verrückte zieht brüllend weiter in einen anderen Waggon. An der nächsten Station steigt die Polizei ein und verpasst dem Opa eine Anzeige wegen Betätigung der Notbremse. Der Verrückte hat sie überhaupt nicht interessiert. SL

Heute dreht sich ein Mädchen in meiner Klasse zu mir um und sagt: »Wow, du hast dein Foto auf deinem Radiergummi! Schick!« Auf meinen Radiergummi ist ein 10-Pfund-Schein gedruckt, und das Bild ist das der Königin von England. SL

Heute habe ich meine EC-Karte verloren. Ich rufe bei meiner Bank an, um sie sperren zu lassen. Und erhalte im selben Moment einen Anruf von meinem Kumpel, den ich nicht annehme. Er hat meine Karte gefunden. Zu spät. SL

Heute, während ich an der Ampel warte, kommt mir ein Mädchen entgegen. Ich starre sie an, und sie sagt: »Und, bist du bald mal fertig?« Ich antworte: »Man wird doch wohl noch schöne Frauen bewundern dürfen!« Sie: »Wenn der Typ gut aussieht, stört es ja auch nicht.« SL

Heute ist Klassenkonferenz. Ich bitte die Klassensprecherin um ihre Telefonnummer. Sie antwortet: »Wenn du mich anbaggern willst, dann kannst du dir was Besseres einfallen lassen!« Das Problem ist, dass sie gar nicht gut aussieht und die ganze Klasse mich nun »Hässliches-Entlein-Fänger« nennt. SL

Heute kam ich von der Uni und wollte ein kleines Nickerchen machen. Es ist fast ein Uhr morgens, ich bin gerade aufgestanden, habe gefrühstückt und bin super in Form. Morgen wird's ein bisschen härter werden, denke ich. SL

Heute, nach neun Jahren gemeinsamen Lebens, drei Jahren Ehe und zwei Kindern, verkündet Madame mir, dass sie einen Liebhaber hat. Aber da besagter Liebhaber nicht so ganz weiß, wie er sich zwischen meiner Frau und seiner entscheiden soll, weiß meine auch nicht so genau, was sie machen soll. So, und ich muss nichts weiter tun als den Mund halten. SL

Kommentare der Internetsurfer:
- *Das Schlimmste, was du gegen ihren Liebhaber tun kannst, ist, sie ihm zu lassen!*
- *Nimm dir doch die Frau vom Liebhaber.*

Heute habe ich meinem Geliebten einen geblasen. Danach küsse ich ihn mit einem schüchternen Lächeln auf die Lippen. Er sagt: »Du schmeckst nach Kondom.« SL

Heute ist es 11 Uhr 33, ich bin gerade aufgestanden. Ich sollte eigentlich seit 8 Uhr in der Prüfung sein, ich habe den ganzen gestrigen Tag mit Lernen verbracht, und mein Wecker hat nicht geklingelt. SL

Heute war ich zur Hochzeit meines Ex mit meinem Freund in der Kirche. Anstatt des Namens seiner zukünftigen Frau hat er meinen genannt, dabei ist überhaupt nichts mehr zwischen uns. Seine Frau hat ihm verziehen, mein Freund hat mich verlassen. SL

Heute habe ich meine Tampons »für die stärkeren Tage« zu Hause vergessen. Mein Arbeitsteam besteht aus einem Mann und acht Frauen in den Wechseljahren. SL

Heute habe ich wie jeden Morgen mein Fenster aufgemacht, nur dass es sich diesmal aus seinen Angeln gelöst hat und mir auf die Füße gefallen ist. SL

Heute, an unserem zweiten Jahrestag, sagt mir meine Freundin: »Ich habe genug; wir gehen viel zu selten aus, du bist nicht romantisch genug, ich verlasse dich.« Jetzt bleibt mir nichts anderes übrig, als den Kanadaurlaub zu stornieren, den ich als Überraschung gebucht habe, denn das mit dem Heiratsantrag am Fuße der Niagarafälle hat sich dann wohl erledigt. SL

Gestern Abend habe ich während des Vorspiels meine Beine um den Nacken meines Freundes gelegt. Er hat sie heftig weggeschoben und gerufen: »Au, verdammt, das pikst!« Ich hatte mich am Vortag rasiert. SL

Heute ruft mich der Typ, den ich seit Wochen ins Bett kriegen will, endlich an. Mein Herz macht einen Satz, aber im Grunde wollte er nur, dass ich ihm helfe, ein Geschenk für eine gemeinsame Kollegin auszusuchen. Und so habe ich auch erfahren, dass sie es ist, mit der er schläft. SL

Heute wollte ich meinen Liebling ganz besonders liebevoll wecken... Das hat ihn so überrascht, dass er mir sein Knie in den Bauch gerammt hat. SL

Heute an der Uni wirft mir mein Ex einen herablassenden Blick zu. Das war einer zu viel. Ich stürze mich auf ihn, um ihm einen ordentlichen Tritt zu verpassen. Dabei rutsche ich aus, habe jetzt einen riesengroßen blauen Fleck auf dem Oberschenkel und bin die Peinlichkeit in Person. SL

Heute vor dem Einschlafen dreht sich meine Freundin noch mal zu mir um und flüstert endlich: »Ich dich auch«, nachdem ich ihr vor zwei Monaten gesagt habe, dass ich sie liebe. Ich bin total ergriffen und sage: »Ja, und ich dich auch.« Sie antwortet: »Ich sagte eigentlich ›Licht aus!‹« SL

Heute bin ich 5 km im Regen Fahrrad gefahren, um meinen Lebenslauf auszudrucken. Meine Bremsen haben mitten auf abfallender Strecke versagt. Um nicht mit einem Auto zusammenzustoßen, habe ich mich dafür entschieden, gegen eine Mauer zu fahren (Gott sei Dank ohne Schaden). Im Laden angekommen fällt mir auf, dass mein USB-Stick es hingegen nicht überstanden hat. SL

Heute beschließe ich, meine Wohnung gründlich zu putzen. Als ich fertig bin, streichle ich meinen kleinen Welpen. Er wacht auf, streckt sich, steigt aus seinem Körbchen und pinkelt. Ich schreie »Nein!«. Das erschrickt ihn so, dass er überall herumläuft und dabei weiterpisst. SL

Heute und schon seit einigen Jahren arbeitet mein Freund im Ausland. Am Valentinstag klingelt es an der Tür, es ist ein Lieferant mit einem großen Blumenstrauß. Ich bin geschmeichelt, aber der Lieferant sagt: »Kann ich Ihnen den Strauß für Ihre Nachbarin dalassen? Sie ist nicht da.« SL

Heute Nacht wurde ich von Mücken attackiert, diese kleinen Biester haben mich sogar unter meinem Gips gestochen. Wo ich mich nicht kratzen kann. SL

Heute bin ich 13 geworden, habe einen Schnurrbart, und meine Kumpels nennen mich »Mario«. SL

Heute hat mein Freund besonders taktvoll mit mir Schluss gemacht, nachdem er mich ein letztes Mal gebumst hat. Als ich es meiner Mutter erzähle, fragt sie mich: »Ist es, weil du so dick bist?« SL

Heute habe ich erfahren, dass meine Mutter, die seit einigen Jahren bei Tupperware arbeitet, einen Dienstwagen mit riesigen Tupperwaredosen in allen Farben an den Seiten bekommt. Ich bin 15, mein Leben ist ruiniert. SL

Heute, und ungefähr seit einem Monat, nennt mein Halbbruder mich nur noch »Schlampe«. In zwölf Tagen wird er fünf. SL

Heute schicke ich meinem Freund eine SMS, um ihm zu sagen, dass ich von einem Auto angefahren wurde, es mir aber einigermaßen gut geht. Antwort vier Stunden später: »Bussi.« SL

Heute hat mich ein Obdachloser in der Bahn angebaggert und mir während der ganzen Fahrt Liebeslieder vorgesungen. Der Zug war gerammelt voll. SL

Heute hat meine Freundin das erste Mal bei mir geschlafen. Sie zieht sich aus, ich bin schon total aufgeregt (sie ist echt heiß), da sagt sie: »Nur damit das schon mal klar ist: Ich mach nichts.« Und genauso war's: Sie macht einen auf Seestern, rührt sich keinen Millimeter, und bei mir rührt sich kurz darauf auch nichts mehr. SL

Heute habe ich nach einer langen Reihe von Untersuchungen erfahren, dass ich unfruchtbar bin. Meine Frau ist mit unserem zweiten Kind schwanger. Ich denke, ich werde ihr ein paar Fragen stellen müssen. SL

Heute hat meine neunjährige Tochter, die ich allein erziehe, einen Aufsatz über die Person in ihrer Familie schreiben sollen, die sie am meisten bewundert. Sie bekam ein »Sehr gut« für einen sehr bewegenden Text über Skippy, ihr Meerschweinchen. SL

Heute setze ich mich auf eine Bank neben zwei Typen, mit denen ich ins Gespräch komme. Ich erzähle ihnen von meinem beschissenen Tag und fange an, mir eine Tüte zu bauen. Einer der Typen zückt seinen Polizei-Ausweis. Er war in Zivil. SL

Heute ist meine 18 Monate alte Tochter um 3 Uhr 30 aufgewacht: kein Hunger, kein Durst, keine Bauchschmerzen, einfach nur die unwiderstehliche Lust, ein bisschen Rambazamba zu machen. Um 6 Uhr 15 ist sie dann eingeschlafen, meine Frau auch, und ich musste in die Arbeit. SL

Heute war ich beim Shoppen und wollte ein Regal erforschen, das mir in der Tat sehr lang vorkam. Ich bin voll gegen einen Spiegel gelaufen. SL

Heute ist es spät, und ich gehe nach Hause. Die Polizei hält mich an, weil sie denkt, ich sei eine Nutte. Macht doch immer wieder Spaß, einen Minirock zu tragen. SL

Heute habe ich schließlich doch eingewilligt, meine Kollegen zu einem Mountainbike-Ausflug zu begleiten. Einer hat gefilmt, ich bin gegen einen Baum gefahren, habe mir wehgetan, alle haben sich auf der Arbeit über mich lustig gemacht, und das Video ist heute Abend auf YouTube. SL

Heute habe ich zwei SMS von meiner Freundin bekommen. Die erste, um mir zu sagen, dass es aus sei, und die zweite, um mir zu sagen, sie habe sich im Empfänger geirrt. SL

Heute komme ich von einer feuchtfröhlichen Party in Begleitung einer hübschen Brünetten, die ich dort kennen gelernt habe. Wir beschließen, gemeinsam mit dem Taxi nach Hause zu fahren – die Nacht verspricht gut zu werden. Nur dass ich nach kurzer Fahrt aus dem Taxi aussteigen muss, um mich zu übergeben. Sie ist mit dem Taxi weitergefahren, ich bin zu Fuß gelaufen. SL

Heute hat mich meine Patentante angerufen und mir angeboten, mir jemanden vorzustellen, der sieben Jahre jünger ist als ich (ich bin 28) und der kein Wort Französisch spricht. Anscheinend darf ich nicht besonders wählerisch sein, so lange, wie ich schon Single bin. SL

Heute kam ich mit Kumpels von einer Party, als wir ein paar »Professionellen« begegnet sind. Zum Spaß haben wir nach den Tarifen gefragt, und sie antworteten, es koste 40 Euro und für den Dicken ein wenig mehr (50 Euro). Der Dicke, das war ich. SL

Heute Nacht bin ich aufgewacht und musste mich heftig übergeben. Ich konnte nicht mal mehr aufstehen und hab es nur noch geschafft, meinen Kopf neben das Bett in die Dunkelheit zu recken. Merkwürdigerweise hat das auf dem Parkett gar kein Geräusch gemacht. Es macht eben kein Geräusch, wenn man sich auf seine Schultasche mit allen Heften übergibt. SL

Heute habe ich vor mir einen Jugendlichen die Tasche einer älteren Dame stehlen und damit wegrennen sehen. Ich laufe dem Dieb hinterher, der schließlich die Tasche loslässt und verschwindet. Ich bringe freundlich die Tasche zu ihrer Besitzerin zurück, die sie durchwühlt, ein Spray herausholt und mir damit ins Gesicht sprüht. SL

Kommentare der Internetsurfer:
- *Sie hat's gekauft, jetzt will sie es eben auch mal benutzen!*

Heute lächelt mich in der Bahn zu meiner großen Überraschung ein Baby an (Kinder mögen mich normalerweise nicht). Erstaunt lächle ich strahlend zurück. Es nimmt seinen Schnuller aus dem Mund, grinst mich an und schmeißt ihn mir an den Kopf. SL

Heute stehe ich gerade unter der Dusche, als eine riesengroße Spinne hinter dem Schrank hervorkrabbelt. Ich schrei wie am Spieß und hau mich voll an der Badewanne an. Bilanz: Eine Verstauchung, meine Familie macht sich nur noch über mich lustig, und irgendwo in diesem Haus spaziert ein Monster herum. SL

Heute, als ich in den Zug steige, kommt mir ein vierjähriger Knirps entgegen, der mit seiner Tasche aussteigt. Als der Zug losfährt, brüllt eine Frau an der Tür, ihr Kind sei allein auf dem Bahnsteig geblieben. Ich spiele den Helden und ziehe die Notbremse. Resultat: eine Geldstrafe und wilde Beschimpfungen von den anderen Fahrgästen. SL

Heute habe ich 700 km zurückgelegt, um meine beste Freundin zu treffen, die ich seit sechs Monaten nicht mehr gesehen habe. Ich muss höchstens fünf Stunden mit ihr verbracht haben, als sie mir verkündet, sie gehe mit ihrem Freund auf ein Konzert. Ich bin ganz allein und esse kalten panierten Fisch. SL

Heute ist unser Jahrestag. Wir verbringen ihn nicht damit, uns verliebt in die Augen zu schauen und zu knutschen, sondern den Toilettenboden zu putzen. Unsere Scheiß-Pumpe ist kaputt, durch irgendein Wunder läuft das Klo über, und alles ist voll mit der Brühe. Schönen Jahrestag, mein Schatz, ich liebe dich! SL

Heute mache ich aus Zeitmangel eine Dose Ravioli zum Abendessen auf. Sobald meine Kinder (vier und fünfeinhalb Jahre) ihr Essen auf dem Teller sehen, sagen sie: »Hm, das ist das beste Essen, das du uns je gemacht hast.« Ich koche jeden Tag gesunde und ausgewogene Mahlzeiten. SL

Heute schmollt meine Freundin aus Eifersucht, weil sie auf Hotmail ein Banner mit hübschen jungen Mädchen gesehen hat, die mich sozusagen kennen lernen wollen. Kann ihr mal bitte einer klarmachen, dass das nur Werbung ist? SL

Heute bin ich extra früh aufgestanden, um meinem Liebling ein königliches Frühstück vorzubereiten: Crêpes, Kaffee, Fruchtsaft... Ich wecke ihn ganz liebevoll mit Koseworten und Küsschen. Auf einmal schubst er mich zur Seite und sagt: »Danke für alles, aber bitte putz dir die Zähne, du stinkst aus dem Mund wie ein Pony!« SL

Heute ist es fast zwei Jahre her, dass mein Lebensgefährte, der es leid war, ständig von seiner Ex bedrängt zu werden, genervt verkündete, dass er sich mit ihr treffen werde, um ein paar Dinge klarzustellen. Sie haben die Dinge auf der Matratze klargestellt, und sie ist schwanger geworden. SL

Heute: Basketballtraining. Ich bin supermotiviert, bis nach fünf Minuten ein fieser Pass mir den Zeigefinger bricht. Meine Hobbys sind Klavier- und Gitarrespielen, und beim Praktikum verbringe ich acht Stunden pro Tag vor einem Computer. Ich habe zehn Minuten gebraucht, um diese Nachricht zu tippen. SL

Heute gehe ich zu meiner Freundin, weil ich mein Handy bei ihr vergessen habe. Ich betrete die Wohnung (ich habe den Schlüssel) und überrasche sie mit einem anderen im Bett. Am Boden zerstört gehe ich nach Hause. Dort merke ich, dass ich meinen Schlüsselbund bei meiner Freundin vergessen habe. Ich meine, bei meiner Ex. SL

Heute, während ich einen Fußgänger die Straße überqueren lasse, fährt mir ein Auto hinten rein. Ich steige aus und schimpfe den Fahrer ein »Scheißarschloch«. Es war meine Oma. Das »Scheißarschloch« wird mir zu Weihnachten wohl kein Geld mehr schenken. SL

Heute ziehe ich meine Frau aus, die gerade fernsieht, und massiere sie, während sie weiterhin ihre Serie schaut. Nach 20 Minuten, am Ende der Serie, sagt sie zu mir: »Du hättest mich doch wenigstens in Ruhe fernsehen lassen können!« SL

Heute werde ich von der Polizei angehalten. Kaum habe ich das Fenster unten, sage ich genervt zu dem Polizisten: »Entschuldigen Sie, das war ein sehr wichtiger Anruf, meine Schwester hat gerade entbunden!« Der Polizist antwortet: »Ach, sie haben auch noch telefoniert?« Doppelte Geldstrafe: Geschwindigkeitsüberschreitung und Telefonieren am Steuer. SL

Kommentare der Internetsurfer:
- *Du hättest ihm auch sagen können, dass du nicht drauf geachtet hast, weil du zu viel getrunken hast...*

Heute war ich mit meinem Freund auf dem Eiffelturm. Wir sprechen schon seit einiger Zeit vom Heiraten, und ich habe mir immer einen originellen Antrag gewünscht. Wir fahren hinauf, ich werde langsam nervös. Als wir oben ankommen, wühlt er in seinen Taschen und ich glaube, der große Moment ist endlich gekommen. Da sagt er: »Ich habe immer schon davon geträumt, eine Zigarette in 300 m Höhe zu rauchen.« SL

Heute musste ich in der Schule ganz dringend aufs Klo. Normalerweise gehe ich dort nie, weil man die Schlösser so schwer aufbekommt. Aber diesmal musste ich einfach. Ich war anderthalb Stunden im Scheißhaus eingesperrt. Als ich rauskam, haben alle geklatscht und ich muss der Schule ein neues Schloss zahlen. SL

Heute habe ich meiner Freundin gegenüber bemerkt, dass sie nie eifersüchtig sei. Sie hat geantwortet: »Eigentlich bin ich sehr eifersüchtig, aber für dich interessiert sich ja niemand.« SL

Heute steige ich an der Station Gare de Lyon in die Metrolinie 14 (die, bei der sich die Türen automatisch schließen). Ich musste ein wenig Gewalt anwenden, um noch hineinzukommen, und meine Jacke wurde dabei in der Tür eingeklemmt. Problem: Gare de Lyon ist die einzige Station der ganzen Linie, an der die Türen auf dieser Seite aufgehen. SL

Heute habe ich einem Kumpel aus der Uni (ich studiere Medizin) eine lange Moralpredigt gehalten, weil er seine Abende mit *Dr. House* verbringt, anstatt sich wie ich auf die letzte große Prüfung vorzubereiten. Das Klausurthema war genau der Fall der letzten Episode. Er hatte vier Punkte mehr als ich. SL

Heute schreibe ich eine wichtige SMS an meine beste Freundin. Ich vertraue ihr all meine intimsten Geheimnisse an. Als es an der Tür klingelt, lege ich das Handy weg und öffne. Fünf Minuten später komme ich wieder und sehe meinen kleinen Bruder damit herumspielen. Resultat: 94 Empfangsbestätigungen. SL

Heute bekomme ich einen Brief von der Technischen Hochschule Paris Descartes, ich bin angenommen. Zur Bestätigung der Einschreibung muss ich zwingend und unbedingt an der Informationsbesprechung übermorgen teilnehmen. Ich wohne auf La Réunion. SL

Heute habe ich eine SMS an meine Freundin geschickt, die mit unserem Mitbewohner in Urlaub gefahren ist, um ihr zu sagen, wie sehr ich sie liebe. Zum Spaß schreibe ich, sie solle es ruhig ausnutzen, dass ich nicht dabei bin, und mit ihm schlafen. Am Abend schickt sie mir eine SMS, um mir zu sagen, dass sie es getan haben und es zwischen uns aus ist. SL

Heute bin ich tanken gefahren. 500 m vor der Tankstelle sehe ich im Rückspiegel eine Gruppe Motorradfahrer. Ich fahre also rechts ran, um sie vorbeizulassen. Sie überholen mich, bevor mir klar wird, dass sie alle volltanken wollen. 35 Motorradfahrer und 2 Zapfsäulen. SL

Heute hat sich mein Mann den ganzen Tag freigenommen, um sein neues Videospiel GTA 4 zu spielen. Am Tag der Ultraschalluntersuchung wollte er sich nicht freinehmen, um das Geschlecht unseres Babys zu erfahren. SL

Heute hatte ich meine vierjährige Nichte am Telefon. Sie sagte: »Tante! Ich bin genau wie du!« Ich bin geschmeichelt, dass die Kleine sich mit mir vergleicht, bis sie hinzufügt: »Ich habe auch überhaupt keinen Verehrer!« OK. SL

Heute habe ich das erste Mal in diesem Jahr einen Bikini angezogen. Mein kleiner Bruder schaut mich an und sagt: »Ich wusste gar nicht, dass ein Mädchen so viele Körperhaare haben kann.« SL

Heute sagt meine vierjährige kleine Schwester zu mir: »Mama kauft mir meine Unterhosen bei Petit Bateau und deine Unterhosen bei Gros Bateau!« SL

Heute bin ich vor meinem Freund aufgewacht und wollte ihm eine Freude machen, indem ich Frühstück ans Bett bringe. Allerdings kenne ich sein Zimmer und auch dessen freiliegende Balken noch nicht ganz genau, und als ich mit der dampfenden Kaffeetasse in sein Zimmer komme, ramme ich dagegen. Der heiße Kaffee ergießt sich über seinen nackten Oberkörper. SL

Heute beschließe ich, meine Freundin persönlich abzuholen. Ich trage einen langen Mantel und dunkle Klamotten und klingele an der Tür. Ein großer Typ (ihr Vater?) öffnet, mustert mich eine Weile von Kopf bis Fuß, und sagt: »Zeugen Jehovas wollen wir nicht«, und schließt die Tür. SL

Heute habe ich erfahren, dass meine Oma sich nur an mein Geburtsjahr erinnert, weil es das Jahr war, in dem ihr Pudel gestorben ist. SL

Heute kommt mein Liebling vorbei, um mir die Unterwäsche zu bringen, die ich bei ihm vergessen hatte. In dem Haufen waren einige Dessous nicht von mir. SL

Heute habe ich nach zwei Wochen strenger Diät ein Kilo zugenommen. SL

Heute ist unglaublich schönes Wetter, die Vögel zwitschern und ich hab morgen eine Prüfung. Deshalb habe ich die Fensterläden geschlossen und eine CD mit Regen- und Wellen-Sound eingelegt, um mir vorzumachen, dass draußen ganz beschissenes Wetter ist. SL

Heute komme ich verkatert ins Büro. Vor dem Kaffeeautomaten steht ein Typ, dem zehn Cent für seinen Kaffee fehlen. Nachdem er alle seine Taschen fünf Mal durchsucht hat, reiche ich ihm ein Geldstück, weil ich es satthabe zu warten. Jetzt fehlen mir zehn Cent für meinen. SL

Heute kommt mein Nachbar vorbei und bittet mich, seinen Hund mitzunehmen, der gerade vor seiner Haustür angefahren wurde. Ich stürze los, fahre mein Auto aus der Garage und höre ein dumpfes Geräusch. Ich hatte nicht gesehen, dass mein Hund in der Einfahrt lag. Ergebnis? Sein Hund hat überlebt, meiner nicht. SL

Heute ist mir in der Küche mein Butterbrot auf den Boden gefallen – Gott sei Dank mit der Butterseite nach oben. Ich werfe vor Erleichterung die Arme in die Luft und hau mir so den Zeigefinger am Schrank an, dass der ganze Finger violett ist. SL

Heute hat mich mein Chef mal wieder angebaggert. Seine Frau hasst mich, alle meine Kollegen sind davon überzeugt, dass ich den Job nur bekommen habe, weil ich mit ihm im Bett war. Ich bin lesbisch. SL

BESSER NICHT

Klar, wer nicht wagt, der nicht gewinnt – aber von manchem Experiment weiß man auch, ohne es zu wagen, dass es nur schiefgehen kann. Trotzdem immer wieder schön, wie sich manche Zeitgenossen nicht beirren lassen. Und immerhin teilen die Betroffenen ihr Leid mit uns. Wie heißt es so schön: Geteiltes Leid ist halbes Leid. Dann kann man sich über die andere Hälfte ja immer noch totlachen.

Heute habe ich meine Freundin verlassen, die immer noch wahnsinnig verliebt in mich ist, um mit einem wunderschönen anderen Mädchen zusammen sein zu können. Dieses Mädchen zieht in einer Woche 400 km weit weg. SL

Heute, oder besser gesagt gestern Abend, komme ich mit dem Fahrrad an einem schnöseligen Szene-Club vorbei. Während ich fahre, werfe ich den Typen am Eingang ein paar Schimpfwörter um die Ohren. Dabei rutsche ich mit dem Rad auf einem Gully aus und falle auf die Straße. Ich glaube, sie fanden's großartig. SL

Heute bleibe ich im Auto an einer roten Ampel stehen. Zu meiner Linken kommt ein schönes junges Mädchen angefahren. Ich will einen auf Macho machen und spucke aus dem Fenster. Mein Fenster war zu. SL

Heute wollte ich ein Paar Skihandschuhe klauen. Vor mir steht eine ganze Grabbelkiste voll. Ich stelle mich mit dem Rücken zur Kiste, schiebe ein Paar hinten in meine Jeans und gehe auf den Ausgang zu. Kurz vor der Tür fängt mich ein Mann ab und lacht sich kaputt. Ich zog sämtliche aneinander befestigten Handschuhe hinter mir her. SL

Heute habe ich auf den Ausschnitt einer sehr süßen Kollegin gestarrt. Als ich mich von meinem Stuhl erhebe, sagt sie vor versammelter Mannschaft, ich würde zu enge Jeans tragen. SL

Heute, oder eher vor einigen Wochen, kam ich sturzbetrunken in meine 1-Zimmer-Wohnung, habe mich in mein Waschbecken übergeben und hineingepinkelt. Am nächsten Morgen merke ich, dass das Erbrochene das Waschbecken verstopft hatte. Ergebnis: eine Woche mit einem Waschbecken voller Pisse, die nach Erbrochenem stinkt. SL

Heute habe ich meiner Mutter SL gezeigt. Jetzt ruft sie mich alle zwei Minuten an, wenn sie was Witziges liest. SL

Heute hatten wir Besuch von Verwandten. Beim Anblick meiner 17-jährigen Cousine überkam mich eine heftige Lust zu onanieren. Ich zog mich heimlich ins Schlafzimmer meiner Eltern zurück. Das Babyfon meiner sechs Monate alten kleinen Schwester war an, und meine Familie hat alles mitgehört. SL

Heute bin ich neben dem allerschlimmsten Mädchen der ganzen TH aufgewacht, über das alle nur Witze machen. Scheiß-Wodka. SL

Heute, bzw. vor vier Monaten, habe ich ein Mädchen gefragt, ob zwischen uns etwas laufen könnte. Sie hat mir geantwortet: »Mach dir nichts draus, das geht schon wieder vorbei.« SL

Heute habe ich mich wegen eines Mädchens mit einem Mitschüler gestritten. Er ist eher der sensible, ruhige Typ und dazu einen ganzen Kopf kleiner als ich. Total genervt fange ich an, ihn zu schubsen. Da wusste ich noch nicht, dass ich es mit einem Schwarzen Gürtel im Judo zu tun hatte. Mir tut immer noch alles weh. SL

Heute hat mir meine Englischlehrerin eine Frage zu einem Spot gestellt, der sich mit aidskranken Kindern beschäftigt. Ich hatte nicht zugehört, und als mein Nachbar merkt, dass ich keine Ahnung habe, flüstert er mir ins Ohr: »I don't care…« Erst nachdem ich den Satz laut wiederholt habe, verstand ich, was ich gerade gesagt hatte. SL

Heute sagt mir mein neuer Freund, dass er sehr glücklich über unser Gespräch vom Vorabend sei und dass er hoffe, dass ich das in unserer Beziehung berücksichtigen würde. Um ihn nicht zu enttäuschen, habe ich es ihm versichert. Gestern war ich komplett betrunken, ich kann mich an nichts erinnern. SL

Heute steige ich in den Bus und rede mit einer Freundin, als ich merke, dass irgendjemand in richtig frische Scheiße getreten ist. Ich sage laut zu ihr: »Welcher Idiot ist denn da in Scheiße getreten?« Ich verfolge die Spuren mit den Augen, sie führen direkt zu mir. SL

Heute, oder besser gestern Abend, habe ich ein öffentliches Leihfahrrad mit meinem Schloss abgeschlossen, um sicherzugehen, dass ich meine wichtige Verabredung heute nicht verpasse. Heute Morgen muss ich feststellen, dass jemand ein weiteres Schloss hinzugefügt hat. SL

Heute bin ich mit Freunden auf einer Party. Wir wollen einen Typen, den wir nicht leiden können, ein bisschen ärgern. Ich stelle also die Flamme meines Feuerzeugs höher, damit er einen Schreck bekommt, wenn er sich eine Zigarette anzündet. Fünf Minuten später zünde ich mir eine Zigarette an. Ich habe keine Augenbrauen mehr. SL

Heute chatte ich mit meinem Ex und gebe mich dabei für eine andere aus. Wir verabreden uns für heute Abend, und ich habe vor, ihn zu versetzen. Aber ich bekomme ein schlechtes Gewissen und schicke ihm dann doch eine SMS, um abzusagen. Ich habe zwar meine Rufnummer auf »unterdrückt« gestellt, aber vergessen, dass das bei SMS nicht funktioniert... SL

Heute in Disneyland setzt sich eine Super-Miss »Top of the Pops« zwei Meter von mir entfernt hin. Ich sage zu meinem Kumpel auf Portugiesisch: »So eine Miss würde ich noch nicht einmal aus dem Haus lassen.« Sie dreht sich mit einem strahlenden Lächeln um und antwortet in perfektem Portugiesisch: »Nicht so schlimm, ich würde dir auch zu Hause das Leben zur Hölle machen.« SL

Heute habe ich meinem Boss, mit dem ich ein Verhältnis habe, während eines Meetings per MMS ein Foto von meinem Po geschickt. Er dachte, er hätte eine Witzmail bekommen, zeigte allen sein Handy und gab damit an, bis er dann meine Nummer erkannte... Sämtliche Generaldirektoren meiner Firma haben jetzt meinen Hintern gesehen. SL

Heute habe ich das MSN-Passwort meines Freundes herausgefunden. Meine Mails hat er unter der Kategorie »Plan B« gespeichert. SL

Heute habe ich mit einem Mädchen, das mir seit Monaten nicht aus dem Kopf geht, Wii-Tennis gespielt. Alles läuft wunderbar bis zu dem Moment, wo ich mich blöderweise ein wenig zu sehr für Yannick Noah halte und ihr einen kräftigen Schlag gegen den Kopf versetze. Ergebnis: Brille kaputt, sie hat mich rausgeschmissen. SL

Heute bin ich über eine Mauer gesprungen, weil ich dachte, das sei schneller, als um sie herumzugehen. Ergebnis: Ich bin hingeflogen und habe mir einen Monat Gips eingefangen plus einer Operation wegen dreifachen Handgelenkbruchs. Super Zeitersparnis... SL

Heute Morgen wollte ich allein in meinem Büro einen kleinen diskreten Furz lassen. Aber es ist anders gekommen. Ich bin in der Arbeit, habe keinen Slip zum Wechseln dabei und wohne 45 km entfernt. Der Tag wird noch sehr lang werden. SL

Heute, oder besser gestern, hat mich am englischen Zoll des Eurostars ein Zollbeamter gefragt, ob ich mein Gepäck selbst gepackt hätte. Zum Spaß habe ich geantwortet: »No, I was helped by a member of Al Qaida.« Darauf folgte eine sehr gründliche Durchsuchung, und ich habe meinen Zug verpasst. SL

Heute wollte ich mal meine Freundin eifersüchtig machen, nachdem sie mich auch schon öfter mit Absicht eifersüchtig gemacht hatte. Es hat funktioniert. Ich bin Single. SL

Heute gehe ich duschen und muss plötzlich Wasser lassen. Weil ich zu faul bin, um aufs Klo zu gehen, mach ich in die Dusche. Da wusste ich noch nicht, dass das Wasser morgens abgestellt worden war. SL

Heute komme ich zu spät zur Schule und erfinde als Ausrede, dass ein merkwürdiger Typ mich auf der Straße angesprochen hätte und es schwierig war, diesen aufdringlichen Mann wieder abzuschütteln. Wenige Stunden später hat die Schulverwaltung die Polizei alarmiert, und ich verbringe sechs Stunden im Kommissariat damit, einen Typen zu identifizieren, den es gar nicht gibt. SL

Heute, oder vielmehr gestern, gehe ich zu meiner Chefin, um die Stunden einzutragen, die ich noch nachholen muss. Dabei hatte sie es schon längst vergessen... Nach der Arbeit gehe ich zu meinem Krankengymnasten, um ihm endlich das Geld zu geben, das ich ihm nun schon seit einem Monat schulde. Er hatte es auch vergessen. SL

Heute habe ich per SMS mit meinem Freund Schluss gemacht. Er hat nur geantwortet: »Gut, okay.« Ich verstehe das nicht, müsste er sich nicht eigentlich vor mir auf den Boden werfen, mich anflehen, mir das noch einmal zu überlegen, und mir sagen, dass er ohne mich nicht leben kann? SL

Heute wollte ich mich an meinen Mitbewohnern rächen, die jede Nacht bumsen wie die Verrückten. Eine Freundin und ich sind auf meinem Bett herumgesprungen und haben dabei eindeutige Laute von uns gegeben. Es hat funktioniert, sie sind aufgewacht... und haben gebumst wie die Verrückten. Zwei Mal. SL

Heute gehe ich nach dem Liebesspiel mit meiner Freundin in Boxershorts durch das Esszimmer und rufe »Morgen, Tony!« (der Vorname ihres Vaters), um meine Freundin zu erschrecken. Da höre ich eine Stimme: »Morgen, Lio!«... Er war tatsächlich da. SL

Heute bin ich neben einem widerlichen Typen aufgewacht, den ich nicht kenne. Ich erfahre von ihm, dass er der beste Freund des hübschen Jungen ist, den ich den ganzen gestrigen Abend angebaggert habe. Ich kann mich nicht mehr daran erinnern, wann ich den Fehler begangen habe, den Falschen mitzunehmen. SL

Heute stehe ich mit meiner Freundin bei ihren Eltern in der Küche, da sagt sie: »Ich geh mich duschen.« Fünf Minuten später schleiche ich ihr hinterher, um sie zu überraschen. Ich ziehe mich aus und schiebe den Duschvorhang beiseite. Ihre Mutter stand unter der Dusche. Meine Freundin wartete in ihrem Zimmer, bis das Bad frei war.

Heute wollte ich eine Zigarette anzünden. Aus Ermangelung eines Feuerzeugs habe ich den Gasherd angemacht. Ich habe keine Haare mehr in der Nase, und mir fehlen Teile meiner Augenbrauen. SL

Heute habe ich im Zug meinen Laptop aufgemacht, um einen heruntergeladenen Film zu sehen. Offensichtlich war es ein Fake, und der ganze Waggon hatte das Anrecht auf fünf Sekunden Analverkehr. Zwei Männer. SL

Heute habe ich ein Date mit meiner Geliebten. In der Eile vergesse ich mein Handy zu Hause. Meine Geliebte versucht, mich auf dem Handy zu erreichen: »Also, Liebling, wann kommst du denn?« Meine Frau hat den Anruf angenommen. SL

Heute auf der Skipiste halte ich im Wald an, um Pipi zu machen. Ohne meine Skier abzunehmen, hocke ich mich hin... und rutsche den Abhang hinunter, wobei ich mir den Hintern aufschürfe. Im Krankenhaus erzählt mir ein Typ, er sei in eine Tanne gerast, weil er eine Frau gesehen hat, die mit nacktem Hintern die Piste überquert hat. SL

Heute bekam ich eine Nachricht von der Informatikabteilung, die mich darüber informiert hat, dass das Besuchen pornografischer Webseiten ein Motiv für eine Entlassung wegen schweren Vergehens sei. SL

Heute steige ich neben einem süßen Mädchen in den Zug, das mich unablässig anstarrt. Ich fange ein Gespräch mit ihr an, versuche ein bisschen Eindruck zu machen. Dann sehe ich, wie sie lächelt und rot wird, als ich plötzlich Luft zwischen meinen Schenkeln spüre... Ich hatte seit fünfzehn Minuten den Hosenstall offen. SL

Heute habe ich die Glasscheibe des Fotokopierers kaputtgemacht, als ich meinen Hintern kopieren wollte. Meine Chefin kommt in fünf Stunden. Es kann nur ich gewesen sein, denn ich bin Nachtwächter. SL

Heute habe ich meine Bankkarte wiedergefunden, die ich verloren und vor ein paar Tagen durch eine neue ersetzt hatte. Ich schneide also die alte, die nicht mehr funktioniert, durch – und stelle fest, dass ich die neue durchgeschnitten habe. SL

Heute hatte ich genug von meiner Nachbarin, die seit sechs Monaten nicht aufhört, Tag und Nacht zu husten. Also klingle ich bei ihr, um ihr ein paar Medikamente vorbeizubringen und von nun an hoffentlich ruhiger schlafen zu können. Dann habe ich erfahren, dass sie Lungenkrebs hat. SL

Heute sage ich zu einem Mädchen, mit dem ich geschlafen habe: »Nein, es war nicht nur ein One-Night-Stand«, aber sie erwidert: »Morgen hast du mich vergessen.« Am nächsten Tag hätte ich mit einem anderen Mädchen zusammenkommen können, das ich wirklich liebe. Aber genau in dem Moment kommt die Erste wieder an und sagt: »War echt super mit dir gestern.« SL

Heute, und auch noch zum zweiten Mal, hat mein Freund herausbekommen, dass ich mit einem seiner Kumpels schlafe, und er sagte zu mir: »Meine arme Sarah, wenn die Straßen mit Schwänzen gepflastert wären, würdest du auf dem Hintern laufen!« Ich musste dann doch lachen. SL

Heute bekomme ich einen Brief von der Hausverwaltung, in dem ich darauf hingewiesen werde, dass ich ihnen 250 Euro schulde. Weil ich das gar nicht glauben kann, rufe ich dort an. Es besteht in der Tat ein Fehler, ich schulde ihnen 1200 Euro. SL

Heute hat mich das Mädchen, auf das ich stehe, angerufen, um mich zu bitten, sie zurückzurufen, da sie kein Guthaben mehr habe. Das Ganze, um mir zu sagen, dass ich nichts von ihm erwarten dürfe... Weder heute noch morgen – nie. SL

Heute hatte ich eine mündliche Deutschprüfung fürs Probeabi. Ich verhaspele mich, versuche noch den Intellektuellen herauszukehren und sage: »Ich müsste mir wirklich mehr Filme in der Originalversion ansehen, um Fortschritte zu machen.« Dann füge ich hinzu: »Ich hatte zum Beispiel vor, mir Metropolis anzuschauen.« Metropolis, einen Stummfilm. SL

Heute wollte ich meinen Freund verlassen, mit dem ich seit fünf Jahren zusammen bin. Ich gestehe ihm also, dass ich ihn betrüge, und sage ihm, das sei unverzeihlich und ich würde verstehen, dass er mich nie wiedersehen wolle. Ich wende mich zum Gehen, und er sagt: »Ich verzeihe dir.« SL

Heute beschwert sich meine Freundin, dass ich sie nicht genügend küsse. Einziges Problem: Von ihrem Atem wird mir schlecht. Ich antworte also freundlich: »Du küsst mich doch auch nicht öfter!« Ergebnis: Sie küsst mich pausenlos. SL

Heute, als ich mit einem Teller Nudeln getanzt habe, bin ich auf dem Parkett ausgerutscht und hingeflogen. SL

Heute rufe ich einen Kollegen mit unterdrückter Nummer an und bedrohe ihn, indem ich die Stimme eines Psychopathen nachahme. Ich ende mit einem: »Ich weiß, wer du bist, aber du weißt nicht, wer ich bin, HAHAHA!« Zwei Minuten später bekomme ich eine SMS: »Die einzigen Personen, denen ich meine neue Nummer gegeben habe, sind meine Mutter und du.« SL

Heute war ich gerade dabei, mir auf der Toilette eines Regionalzugs einen runterzuholen, als der Kontrolleur an die Tür klopfte. Ich war kurz davor, mach also die Tür nicht auf. Aber er hatte einen Spezialschlüssel und ich stand vor ihm und drei Fahrgästen. Und dann hatte ich auch noch kein Ticket. SL

Heute Mittag wollte ich mir schnell was zu essen machen. Weil ich es eilig und die Hände voll hatte, öffnete ich den Pfefferstreuer mit den Zähnen. Das Ding ist in meinem Mund explodiert. Ich habe eine Stunde mit Weinen und Husten verbracht. SL

Heute schicke ich eine SMS an meinen Ex, der mich vor vier Monaten verlassen hat und den ich sehr vermisse. Ich schreibe, er soll wieder zu mir zurückkommen. Er antwortet: »Gefühlsmäßig komme ich nicht zurück, aber sexuell gerne.« SL

Heute schicke ich eine Mail an eine Ex, die mir schon lange im Kopf herumspukt. Ich habe bei ihr keine Chance, daher schreibe ich, um ihr eins auszuwischen, dass ich schwul geworden sei. Sie antwortet, dass sie sich freut, dass ich mich endlich entfalten konnte. SL

Heute steige ich aus der Bahn und sehe ein reizendes Fräulein herauskommen. Ich spinne daher ein bisschen rum, um auf mich aufmerksam zu machen, und klettere sportlich die Rolltreppe hoch. Ich hebe allerdings den Fuß nicht hoch genug, stolpere über die Stufe und lege mich vor ihm hin. SL

Heute sehe ich eine Todesanzeige und sage zum Spaß zu einem Kumpel: »Hast du gesehen, dein Vater ist tot.« Er hat mir geantwortet: »Ja, ich weiß.« SL

Heute habe ich eine Packung Cornflakes aufgemacht, und sie ist über meiner Tastatur explodiert. Jetzt ist meine Tastatur ganz knusprig. SL

Heute geh ich nach der Arbeit mit Kumpels noch was trinken und sehe eine schöne Frau, die etwas zu suchen scheint. Ich gehe auf sie zu (um sie vor meinen Kumpels anzumachen) und frage, was sie verloren habe. Sie antwortet: »Meinen Mann und meinen Sohn.« SL

Heute kommt ein verdammt gutaussehender Typ an mir vorbei. Ich beschließe, die alte Masche mit dem Taschentuch abzuziehen; da ich aber kein Taschentuch zur Hand habe, lasse ich meinen Geldbeutel hinter mir fallen. Der Typ hebt ihn auf und haut ab. SL

Heute hatten wir die geniale Idee, vor der Rückkehr meines Mitbewohners Sex auf einem Sitzsack zu haben. Ergebnis: Gut 1000 Styroporkugeln im Wohnzimmer. Und, nein, das lässt sich nicht in 30 Minuten wieder aufsammeln… SL

Heute habe ich zu meinem Freund gesagt: »Ich bin es leid, dass du ständig ins Kino gehst. Entweder deine Kinokarte oder ich, ich hab's satt.« Und er antwortete mir: »Hör mal, ich langweile mich weniger, wenn ich ins Kino gehe.« SL

Heute, ich meine, vor ein paar Wochen, war ich es satt, morgens im Bad aus Diskretion meinem männlichen Mitbewohner gegenüber immer Zeit zu verlieren. Ich sage mir, wir sind schließlich alt genug, und laufe nackt aus der Dusche an ihm vorbei. Seitdem glaubt er, dass er in mich verliebt ist, folgt mir überallhin und versucht, mich zu küssen. SL

Heute war ich im Schwimmbad und bin meine Bahnen geschwommen, als ich plötzlich einen gutaussehenden Typen entdecke. Um ihn zu beeindrucken, setze ich zu einer Bahn Schnellkraulen an. Nach 10 m bekomme ich einen Krampf und wäre fast ertrunken. SL

Heute, oder vielmehr letztes Jahr, Essen mit meiner Freundin und ihren Eltern. Gegen Ende und schon leicht angeheitert erzähle ich von den jungen Praktikantinnen in der Arbeit und sage über eine ganz spezielle: »Ah, die heiße Schnitte. Die macht mich echt total an.« Großes Schweigen, mein Hirn setzt sich wieder in Gang. Zu spät. SL

»Also du weißt echt, wie man mit Frauen umgeht.«

Heute ist Abschlussgala. Ich kippe mir vier Rum-Orange hinunter und sehe dieses Mädchen, das mir seit langem gefällt. Ich spreche sie an und sage, dass sie sehr stark einer Pornodarstellerin Ende der 80er ähnelt. SL

Heute habe ich zu mir gesagt: »Los, alter Geek, geh mal ein bisschen raus an die Sonne, heb deinen Hintern vom PC und geh spazieren.« Ich zwinge mich und gehe raus. Ohne meinen Schlüssel. Seit vier Stunden sitze ich in einem Internetcafé. SL

Heute komme ich aus einer sehr wichtigen Klausur und suche meinen Spickzettel. Ich habe ihn mit der Klausur zusammen abgegeben. SL

Heute hatte ich einen Physiktest. Weil ich nicht gelernt habe, schreibe ich Wort für Wort von meiner Nachbarin ab. Wir hatten nicht dieselben Fragen. SL

Heute im Informatikraum war das Papier alle, und ich bin neues holen gegangen. Als ich bei meiner Rückkehr meinen Lehrer nicht sehen konnte, bin ich auf einen Kommilitonen vor seinem PC zugesprungen und habe dabei geschrien: »Achtung, keine falsche Bewegung!« Es war mein Lehrer. SL

Heute wollte ich nachprüfen, ob die Pfanne schon heiß ist. Ich habe keine Fingerabdrücke mehr. SL

Heute wache ich auf, mein Mann ist bereits aufgestanden. Ich glaube ihn im Flur zu hören und sage laut: »Los, tu nicht so schüchtern, bring sofort dein Geschlechtsteil hierher und stell was mit mir an.« Eine Stimme antwortet mir: »Er ist Brötchen holen gegangen.« Es war meine Schwiegermutter. SL

Heute ist es 1 Uhr 30 morgens, und der letzte Bus fährt um 1 Uhr 35. Ich muss plötzlich Wasser lassen und stelle mich hinter die Bushaltestelle. In diesem Moment kommt der Bus vorbei – zu früh. SL

Heute habe ich mir eine Packung Schlümpfe gekauft – die Gummibonbons – und bei der Arbeit drei Viertel davon verschlungen. Was ich nicht bedacht habe: Diese Gummis haben einen starken Farbstoff. Ich habe eine ganz blaue Zunge und muss in zehn Minuten eine Präsentation vor Kunden halten. SL

Heute hat ein Mädchen, auf das ich schon eine Weile stehe, ein Foto von einem Typen mit einem Herz als MSN-Avatar benutzt. Eifersüchtig wie ich bin sage ich ihr, der Typ sei superhässlich und sehe aus wie ein Auftragskiller. Es handelte sich um ihren leukämiekranken Bruder. SL

Heute waren wir zu dritt im Lokal; eine übergewichtige Freundin, mein Freund und ich. Meine Freundin erzählte, dass sie sich operieren lassen will. Mein Freund: »Willst du dir einen Magenring einsetzen lassen?« Weit gefehlt. Sie meinte die Weisheitszähne. SL

Heute Morgen habe ich im Nachttisch meiner Mutter nach einer Zeitschrift gesucht und bin über einen dieser blöden Sex-Tests gestolpert. Also: Meine Mutter mag's anal, mit dem Mund, und der Penis meines Vaters ist krumm. Mir ist schlecht. SL

Heute gebe ich mit meiner Band ein Konzert, und als ich einen rockstarwürdigen Sprung mit der Gitarre in der Hand durchführe, verstauche ich mir den Knöchel und falle vor 850 Zuschauern über meinen Verstärker. Das Konzert wurde abgebrochen, und natürlich wurde alles vom Fernsehen mitgeschnitten. SL

Heute, beim Verlassen des Restaurants, hat der sehr gutaussehende Kellner, den ich den ganzen Abend versucht habe anzubaggern, vor allen anderen zu mir gesagt: »Aber warum hast du denn deine Nummer mit Herzchen auf den Tisch geschrieben? Wenn ich daran interessiert wäre, hätte ich doch danach gefragt!« SL

Heute haben mein Freund und ich uns ein besonderes Liebesspielchen ausgedacht. Ich finde mich also gefesselt und geknebelt im Kofferraum seines Clios wieder, auf dem Weg zu seiner Wohnung, wo ich über das Wochenende seine Sexsklavin sein werde. Nach zehn Minuten Fahrt hält er an. »Polizeikontrolle, Monsieur, Ihre Papiere bitte.« SL

Heute hab ich's im Bad besonders eilig. Um Zeit zu sparen, beschließe ich, gleichzeitig zu pinkeln und mir die Zähne zu putzen. Ich hatte nicht daran gedacht, dass die Hand, die das Gerät hält, die gleiche Bewegung machen würde wie die Hand, die die Zahnbürste hält. Was für ein Fleck an der Wand! SL

Heute nehme ich mir ein Stück von dem Kuchen, der von den Geburtstagsgästen mitgebracht wurde. Ich finde ihn nicht besonders gut, reiche ihn diskret an das Mädchen neben mir weiter und sage: »Willst du? Ich finde ihn grauenvoll.« Sie: »Danke, den hab ich gebacken.« SL

Heute will ich meinen Abfluss im Spülbecken frei machen, bevor ich spüle. Gewissenhaft schraube ich das Kniestück von dem Rohr unter dem Becken ab. Darunter habe ich eine Schüssel gestellt, die die ganze schöne schwarze Brühe auffängt. Dann kippe ich die Schüssel ins Spülbecken. SL

Heute hat mir ein anderer Autofahrer meinen Parkplatz weggenommen. Ich habe ihn höflich gebeten, er solle zur Seite fahren, worauf er mich wüst beschimpfte. Ich habe vor mehreren Zeugen gegen sein Auto getreten. Das Auto ist unversehrt, ich habe mir die Bänder gerissen. Ein Monat Gips. SL

Heute, und schon seit einem Jahr, bin ich die Tarnung meines besten Freundes, der schwul ist. Gestern großes Essen zum Geburtstag seiner Großmutter. Mir wird vom Essen schlecht (Meeresfrüchte), und ich laufe aufs WC, um mich zu übergeben. Als ich zurückkomme, applaudiert man mir mit »Glückwunsch«-Rufen. Sie denken, ich bin schwanger. SL

Heute habe ich beim Wasserlassen auf den kleinen blauen Block hinten im Pissoir gezielt. Und habe so gelernt, dass das Zeug spritzt und viele kleine blaue Flecken auf der Kleidung hinterlässt. SL

Heute habe ich mit meinem Hamster auf dem Balkon gespielt. Als er nicht richtig mitspielen wollte, habe ich ihm einen kleinen Schubs gegeben. Er ist aus dem vierten Stock gefallen. SL

Heute sind meine Eltern im Urlaub. Ich habe keinen Führerschein, hatte aber Lust, das Auto meines Vaters auf dem Parkplatz ein bisschen vor- und zurückzufahren. Ergebnis: Ich bin mit dem Auto meines Vaters in das meiner Mutter gerast. SL

Heute wollte ich ein bisschen angeben und meinen Kollegen zeigen, wie ich auf die Webcam bei mir zu Hause vom Büro aus zugreifen kann. So waren wir alle gemeinsam Zeuge davon, dass meine Frau mich betrügt. Ich weiß noch nicht, ob ich mich scheiden lasse, aber auf jeden Fall werde ich die Computerspielereien sein lassen. SL

Heute in der Klinik fahre ich einen Patienten in den OP, der einen ziemlich nervösen Eindruck auf mich macht. Ich will ihn beruhigen und sage zu ihm: »Machen Sie sich keine Sorgen, Sie sind bald wieder auf den Beinen!« Dann lese ich in seiner Akte: »Amputation linkes Bein.« SL

Heute gehe ich an den Computer meiner Mutter und stoße auf eine Pornowebsite, auf der sie Fotos von sich reinstellt. SL

DANKSAGUNG

Dank an Antoine Descamps, Antoine Descazals, Julien Azarian und Yann Asselin für ihre regelmäßige Unterstützung bei unserem Abenteuer viedemerde.fr.

Dank an Didier Guedj, Harold Jonesier und Laura Cherfi für ihre wertvolle Mitarbeit an diesem Buch.

…und dann noch tausend Lächeln an Michel, Virginie und Sophie.